# BURNING LOVE

Éditions Eyrolles
61, bd Saint-Germain
75240 Paris Cedex 05
www.editions-eyrolles.com

Conception graphique et mise en page : Florian Hue

Depuis 1925, les éditions Eyrolles s'engagent en proposant des livres pour comprendre le monde, transmettre les savoirs et cultiver ses passions ! Pour continuer à accompagner toutes les générations à venir, nous travaillons de manière responsable, dans le respect de l'environnement. Nos imprimeurs sont ainsi choisis avec la plus grande attention, afin que nos ouvrages soient imprimés sur du papier issu de forêts gérées durablement. Nous veillons également à limiter le transport en privilégiant des imprimeurs locaux. Ainsi, 89 % de nos impressions se font en Europe, dont plus de la moitié en France.


ISBN : 978-2-416-00927-3

Jérôme Oliveira

# BURNING LOVE

Le journal pour brûler d'amour…
sans se brûler les ailes

Éditions
EYROLLES

# SOMMAIRE

# AVANT-PROPOS

Chère lectrice, cher lecteur,

Ce livre entre vos mains est celui dont j'aurais eu besoin, comme vous, probablement plusieurs fois, si seulement il avait existé – quand j'étais plus jeune, à la recherche de ma vie tout en ne comprenant pas celle des autres, à l'occasion de baisers intenses, quand je me suis brûlé le cœur à vouloir caresser de trop près la passion, quand les déchirures d'amour ont imposé à ma vie une autre direction à la vie, quand on se retrouve dans l'attente que quelque chose arrive, en état de latence.

Alors oui, si ce livre avait existé, comme il nous aurait aidés. C'est la raison pour laquelle j'ai souhaité lui donner vie, pour qu'il soit pour vous ce que sa pratique fut pour moi : un éveil en amour. À travers l'introspection que je partage dans mon premier livre, *Brûlant d'amour*, j'ai souhaité tout analysé de l'amour. Dans ce présent livre, bien plus pratique, il s'agira de savoir comment *vous* avez écrit votre vie amoureuse et vers quel idéal vous souhaitez tendre. Que ce livre pratique soit pour vous aussi profond que vous-même.

Peu importe là où vous en êtes dans votre relation à l'amour, peu importe même ce que vous avez vécu, la somme de vos grandes et petites histoires. Ce livre, arrivé jusqu'à vous, est fait pour vous. Et vous savez pourquoi ? Parce que pour la première fois peut-être vous allez pouvoir mettre des mots sur toutes les subtilités, les plus claires et les plus obscures, les plus conscientes et les moins conscientes, qui constituent la partie la plus vivante à l'intérieur de vous : vos sensations, vos émotions, vos pensées, votre relation à l'amour. Ce livre va vous accompagner et vous aider à marcher de votre réalité amoureuse, celle d'aujourd'hui, vers votre idéal. Non pas l'idéal des autres, mais le vôtre. Celui dont vous avez besoin.

On y va ? On tourne la page.

# INTRODUCTION

## Soyez authentique, soyez vous-même

Être authentique, être vrai avec soi, c'est le préambule indispensable de ce livre. Cette promesse de vérité que vous faites à vous-même est le fil d'Ariane le plus précieux, qui vous permettra de quitter les ombres avec, comme finalité, de mieux vous comprendre pour mieux aimer et mieux être aimé.

La vérité n'est pas chose acquise ou apprise. La vérité est une quête en soi, une nuance qui rebat toutes les cartes des relations, une caresse qui peut transformer tout ce que vous croyez au sujet de vous-même, de l'autre, de l'amour et pour le reste de votre vie. Toucher du doigt la vérité n'est pas chose facile. Mais ce livre dont vous êtes l'auteur va vous y aider considérablement.

Toute vérité n'est pas toujours bonne à dire. Sauf les vérités qui vous concernent et que vous pouvez formuler à vous-même. Un mot de vérité pèse plus que le monde entier. Mais quand vous aurez terminé ce livre, vous vous sentirez beaucoup plus léger. Pourquoi ? Parce que le pouvoir des mots agit par magie. Plus vous serez précis et vrai avec vous-même, plus votre vie amoureuse – et donc votre vie tout entière – va se transformer lumineusement. Un peu comme une psychothérapie. Qui peut douter aujourd'hui du pouvoir thérapeutique et libérateur du langage et des mots ? Ni les psys, ni les auteurs, ni les lecteurs, ni les artistes, ni toutes les personnes qui ont tenu ou tiennent encore un journal intime. Les mots sont comme des oiseaux portés par la brise et qui volent de notre conscience à notre inconscient. Laissez-vous porter par votre vérité intérieure.

## Comment ça marche ?

Ce livre va vous accompagner pas à pas. Il est construit comme un escalier en colimaçon. Il va vous aider à la fois à descendre dans la réalité magmatique vivant au plus profond de vous-même et à monter vers votre idéal.

## Comment savoir si ça marche ?

Par la seule vérité de votre écriture, malgré vous ou plutôt sans aucun autre effort, votre vie va sensiblement changer : votre attention, vos perceptions, vos désirs, vos ressources personnelles, vos relations et surtout votre amour.

## Comment faire pour que ça marche encore plus ?

Plus vous serez honnête avec vous-même, plus la magie de votre écriture vous libérera et vous rapprochera de l'amour que vous souhaitez.

Mais en vérité, être vrai et juste avec soi, et particulièrement en amour, c'est sûrement la chose la plus difficile au monde, car personne ne nous apprend jamais cela. Ni l'école, ni les parents, rarement les amis et jamais l'être aimé. Alors n'hésitez pas à réécrire régulièrement ce livre. Il peut devenir par exemple un rendez-vous que vous vous donnez annuellement ou bien un refuge intime durant les coups durs, comme après une rupture amoureuse ou au contraire à la faveur d'une nouvelle rencontre, ou encore un lien avec vous-même pour dresser un bilan de votre vie ou tout simplement pour faire une mise au point d'épanouissement personnel, de vos croyances, de vos insatisfactions et de toutes vos certitudes au sujet de la vie et de l'amour qui ne demandent qu'à se briser.

C'est le moment pour vous de vous engager à n'être personne d'autre que vous-même.

CONTRAT DE VÉRITÉ AVEC MOI-MÊME

Je soussigné(e), ......................................................................, reconnais être conscient(e) d'être sur le point de faire une rencontre profonde et sincère avec moi-même.

J'accepte et désire que cette rencontre me guide vers les prises de conscience les plus fondamentales me concernant, et au sujet de ma relation aux autres et à l'amour.

J'accepte la remise en question de tout ce que je crois à propos de moi, des autres et au sujet de l'amour, et je souhaite pour cela engager un dialogue authentique, sincère et respectueux avec moi-même.

J'accepte et aspire à vivre la meilleure version de l'amour : la meilleure version pour moi, la meilleure pour les autres.

Je reconnais également avoir été informé(e) que cette rencontre avec moi-même pourrait soulever des problèmes et des émotions auxquels j'accepte de faire face et de gérer.

Je m'engage durant toute cette période de relation intime avec moi-même à prendre soin de moi, à respecter un juste temps de sommeil, une alimentation saine, d'observer mes pensées, mes réactions et mes émotions avec douceur et bienveillance.

*Date*

*Signature*

## Dernières mises en garde

Ce livre évitera de vous donner des conseils, car ce n'est pas le propos. Le seul propos qui compte ici, c'est le vôtre. D'ailleurs, les conseils ne servent pas à grand-chose, car on ne les applique pas beaucoup. Ce qui compte au final, c'est votre quête personnelle. Si vous avez besoin d'outils ou de pratiques, vous savez probablement déjà où les trouver. Et si tel devait être le cas, allez toujours vers le meilleur. (Le meilleur est très rarement sur les réseaux sociaux).

Les questions qui vous seront posées sont principalement rédigées au passé car la réflexion profonde que vous mènerez reposera essentiellement sur des faits passés, même si les sentiments et les sensations sont toujours présents et la relation actuelle.

Partie 1

# L'HEURE DES COMPTES

# LE PRÉSENT : OÙ EN ÊTES-VOUS *MAINTENANT* ?

Commençons là où vous en êtes. La première question est simple, peut-être trop simple (à vous de voir). Elle n'aurait rien à voir avec l'amour… Et pourtant…

***Êtes-vous heureux en ce moment ?*** (Votre réponse peut être claire et tranchée mais elle peut aussi se situer quelque part entre le OUI et le NON.)

❑ Oui ❑ Non

On poursuit…

***Quel est votre objectif à travers cette introspection au sujet de l'amour ?*** Cochez l'intention la plus proche de ce que vous ressentez. Si vous avez plusieurs objectifs, cochez-les et entourez celui qui vous correspond le plus.

❑ Comprendre qui je suis

❑ Ne plus répéter les mêmes erreurs

❑ Guérir d'une blessure amoureuse

❑ Aimer et être aimé tout simplement

❑ Rencontrer un nouvel amour qui me corresponde vraiment

❑ Vivre une transformation

❑ Aller le plus loin possible dans l'amour

❑ Être l'amour

***Comment vous situez-vous en amour aujourd'hui ?*** Indiquez sur cette ligne l'endroit où vous pensez être.

| Je suis en couple | Je ne sais pas | Je suis seul |
| --- | --- | --- |

## La vérité est dans la nuance

À la dernière question, je ne vous ai proposé que trois options. Toutefois, la vie et l'amour offrent un champ de nuances et de complexités dont vous avez probablement déjà fait l'expérience. Par exemple, nous pouvons être en couple mais sans en avoir la sensation, être en couple et aimer une autre personne, être en couple sans avoir de relations sexuelles, vivre plusieurs relations amoureuses en même temps et en toute transparence (le fameux « polyamour »), être célibataire tout en vivant une intimité sexuelle et amicale avec quelqu'un Et parfois, on ne sait plus où nous en sommes : **vous sentez-vous dans une relation amoureuse ? Vous sentez-vous vraiment seul ? Si vous vivez une relation, savez-vous qui vous êtes l'un pour l'autre ?** C'est ce que l'on va essayer de comprendre dans les prochaines pages.

Dans la question suivante, je vous invite à dépeindre d'une façon très claire et factuelle, sans jugement, toutes ces nuances que vous percevez dans votre vie aujourd'hui.

***Où en êtes-vous vraiment en amour ?***

..........................................................................................................................

..........................................................................................................................

..........................................................................................................................

..........................................................................................................................

..........................................................................................................................

***Quelle que soit votre situation actuelle (en couple, célibataire), êtes-vous heureux et satisfait de cette situation ?*** Vous l'aurez compris, il existe tout un monde de réponses possibles entre le non et le oui !

Je ne suis pas heureux —————————— Je suis parfaitement heureux

***Quelles sont toutes les questions auxquelles vous souhaiteriez obtenir des réponses au sujet de votre relation à l'amour ?*** Ce peut être des questions d'ordre général ou bien des questions précises à propos d'une relation. Par exemple, pourquoi est-ce que je souffre tant en amour ? Pourquoi ai-je du mal à m'engager ? Pourquoi ai-je toujours la sensation d'aimer et de donner plus que l'autre ? Allez-y pleinement, ne retenez rien :

1. ..............................

..............................

2. ..............................

..............................

3. ..............................

..............................

4. ..............................

..............................

5. ..............................

..............................

6. ..............................

..............................

7. ..............................

..............................

8. ..........................................................................................................

..........................................................................................................

9. ..........................................................................................................

..........................................................................................................

10. ..........................................................................................................

..........................................................................................................

***L'amour, c'est bien beau, mais ça vous sert à quoi ? Concrètement, qu'est-ce qu'une relation amoureuse vous apporte ?***

- ❑ Ne pas vivre seul
- ❑ Construire un avenir serein et heureux
- ❑ Construire une famille
- ❑ Partir en vacances et en week-ends romantiques
- ❑ Créer des projets
- ❑ Faire comme les autres

***Pour quelles autres raisons pourriez-vous rechercher la vie à deux ?***

..........................................................................................................

..........................................................................................................

..........................................................................................................

..........................................................................................................

..........................................................................................................

..........................................................................................................

..........................................................................................................

***Avez-vous l'impression d'être une personne différente lorsque vous êtes dans une relation amoureuse et lorsque vous êtes célibataire ? Qu'est-ce qui est différent ? Pourquoi ?***

..........................................................................................................................................

..........................................................................................................................................

..........................................................................................................................................

..........................................................................................................................................

..........................................................................................................................................

..........................................................................................................................................

..........................................................................................................................................

..........................................................................................................................................

..........................................................................................................................................

..........................................................................................................................................

..........................................................................................................................................

..........................................................................................................................................

***Pensez-vous être digne d'amour ? Croyez-vous en la possibilité qu'on vous aime ?*** Certaines personnes ont la sensation par exemple que personne ne pourra jamais les aimer, d'être invisibles, moches, inintéressantes. Peut-être est-ce votre cas ?

- ❑ Non, jamais.
- ❑ Selon les périodes...
- ❑ J'essaye d'y croire.
- ❑ J'y crois totalement.

***C'est quoi l'amour pour vous ? Quelle est votre propre définition ?*** Vous pouvez répondre en une phrase comme en dix ou bien simplement écrire des synonymes pour tenter de donner votre définition.

..........................................................................................................................................

..........................................................................................................................................

..........................................................................................................................................

..........................................................................................................................................

..........................................................................................................................................

..........................................................................................................................................

..........................................................................................................................................

..........................................................................................................................................

..........................................................................................................................................

..........................................................................................................................................

..........................................................................................................................................

..........................................................................................................................................

..........................................................................................................................................

..........................................................................................................................................

..........................................................................................................................................

..........................................................................................................................................

..........................................................................................................................................

..........................................................................................................................................

***Est-ce que votre situation actuelle reflète votre définition ?***

❑ Oui ❑ Non

***Quelles sont les cinq choses qui vous rendent heureux quand vous êtes en couple ?*** Ce peut être des détails du quotidien, des moments d'intimité, des sensations...

1. ..............................................................................................

..............................................................................................

2. ..............................................................................................

..............................................................................................

3. ..............................................................................................

..............................................................................................

4. ..............................................................................................

..............................................................................................

5. ..............................................................................................

..............................................................................................

***Quelles sont les cinq choses qui vous rendent heureux quand vous êtes célibataire ?***

1. ..............................................................................................

..............................................................................................

2. ..............................................................................................

..............................................................................................

3. ..............................................................................................

..............................................................................................

4. ..............................................................................................

..............................................................................................

5. ..............................................................................................

..............................................................................................

L'amour entraîne souvent son lot d'angoisses : la peur d'être déçu, de se tromper ou d'être trompé, de ne pas être à la hauteur, la peur de s'engager, de vivre à deux, que l'autre veuille des enfants et pas nous, ou l'inverse... ***Quelles sont vos angoisses d'amour ?***

..........................................................................................................................................

..........................................................................................................................................

..........................................................................................................................................

..........................................................................................................................................

..........................................................................................................................................

..........................................................................................................................................

..........................................................................................................................................

..........................................................................................................................................

..........................................................................................................................................

..........................................................................................................................................

***Comment savez-vous quand vous êtes amoureux ?***

❑ Je pense sans cesse à la personne.

❑ J'ai envie de tout le temps la voir.

❑ Je suis apaisé quand je suis avec cette personne.

❑ Je la trouve brillante et attirante.

*Autre chose ?*

❑ ..................................................................................................................................

❑ ..................................................................................................................................

❑ ..................................................................................................................................

❑ ..................................................................................................................................

***Comment savez-vous que l'on vous aime vraiment ?***

❑ Tant qu'on ne me dit pas « je t'aime », je ne le crois pas.

❑ Lorsque je me sens désiré.

❑ Quand on commence à passer du temps ensemble.

❑ Quand la personne me fait confiance.

❑ Quand la personne souhaite emménager à deux.

*Autre chose ?*

❑ ........................................................................................................

❑ ........................................................................................................

❑ ........................................................................................................

❑ ........................................................................................................

❑ ........................................................................................................

***Avez-vous déjà renoncé à l'amour de peur de souffrir ?***

❑ Oui ❑ Non

***Dans les deux cas, pourquoi ?***

............................................................................................................

............................................................................................................

............................................................................................................

............................................................................................................

............................................................................................................

............................................................................................................

............................................................................................................

............................................................................................................

............................................................................................................

# LE PASSÉ : QU'AVEZ-VOUS TRAVERSÉ JUSQU'ICI ?

Maintenant, quelles que soient les réponses aux questions précédentes, fermez les yeux durant un moment et posez-vous mentalement cette question :

## Quelles sont les relations qui vous ont le plus marqué ?

Y en a-t-il eu plusieurs ? Est-ce que ce sont des relations récentes ou très lointaines ?

Nous allons à présent explorer et analyser vos relations passées. L'une d'elles peut encore se jouer dans votre vie au présent, soit parce que vous êtes toujours en couple avec cette personne, soit parce que vous êtes dans l'après-relation mais vous vous sentez toujours relié à cette personne.

Dans les pages qui vont suivre, vous allez exprimer le souvenir de vos désirs qui vous ont transporté au-delà de vous-même, mais aussi le souvenir de vos plus grandes souffrances d'amour.

Pourquoi est-ce important de faire remonter à la surface tous ces souvenirs ? D'abord, afin de mieux vous comprendre. Mais surtout, tout ce que vous avez vécu en termes de désirs et de brûlures d'amour est l'expression psycho-émotionnelle de vos blessures d'antan – celles qui remontent très loin dans votre histoire personnelle et familiale : des liens et des attachements qui sont aujourd'hui enfouis dans votre mémoire. Loin de disparaître, toutes ces marques restent vivantes dans votre corps, dans votre cœur, dans votre attitude, votre langage, vos rêves nocturnes, et même dans vos gènes. Malgré vous, partout en vous se joue et se rejoue en continu votre histoire. Et tous ces nœuds coincés dans la mémoire oubliée de votre conscience ne demandent qu'à être dénoués. Si jamais ils ne le sont pas, ils vous retiennent. Ils vous empêchent. Votre évolution naturelle, c'est votre libération la plus profonde. Et plus plus vous serez prisonnier de votre histoire, moins il sera possible de vous abandonner corps et âme, sans crainte de souffrir. Alors, avec quelles personnes avez-vous eu des coups de foudre ? Des chagrins d'amour ?

***Quelles sont toutes les personnes avec qui avez-vous eu une relation amoureuse ?*** Laissez les souvenirs venir à vous. Notez le nom de toutes les personnes qui vous viennent à l'esprit.

* ........................................................
* ........................................................
* ........................................................
* ........................................................
* ........................................................
* ........................................................
* ........................................................
* ........................................................
* ........................................................
* ........................................................
* ........................................................
* ........................................................
* ........................................................
* ........................................................

✸ ..................................................... ✸ .....................................................

✸ ..................................................... ✸ .....................................................

✸ ..................................................... ✸ .....................................................

✸ ..................................................... ✸ .....................................................

Vous pensez avoir terminé de dresser votre liste de relations amoureuses ? Parfait, observez-la et ***entourez en rouge la personne que vous avez le plus aimée.*** Si vraiment vous ne voyez pas, demandez-vous quelle relation fut la plus passionnelle ?

***Stabilotez la personne avec qui vous êtes en relation actuellement.*** Si vous êtes célibataire, stabilotez alors votre dernière relation.

***Ajoutez des étoiles à côté de chaque nom.*** La personne que vous avez le plus aimée aura 4 étoiles. Pour les autres, indiquez 1 étoile quand l'intensité de vos sentiments était faible, 2 étoiles quand l'histoire était importante à vos yeux, 3 étoiles quand la relation a vraiment compté pour vous.

***Entourez en rose les personnes avec qui la relation d'amour n'a été que de la joie : un shot de bonheur.***

***Entourez en bleu toutes les personnes qui vous ont fait souffrir.***

***Soulignez ensuite le nom des personnes qui vous ont quitté en mettant fin à la relation unilatéralement.***

***Enfin, encadrez en noir le nom de la personne qui vous a fait le plus souffrir.***

Cette liste, c'est votre cartographie amoureuse. Est-ce qu'elle correspond à l'impression que vous aviez de votre vie amoureuse ? Qu'est-ce que vous constatez : plus de souffrance ou plus de joie ? Êtes-vous davantage quitté ou quittez-vous en premier ? Est-ce que la personne que vous avez le plus aimée est aussi la personne qui vous a fait le plus souffrir ? ***Sans juger, notez vos impressions bonnes comme mauvaises sur votre passé amoureux.***

..........................................................................................................................................

..........................................................................................................................................

..........................................................................................................................................

..........................................................................................................................................

..........................................................................................................................................

..........................................................................................................................................

..........................................................................................................................................

..........................................................................................................................................

..........................................................................................................................................

..........................................................................................................................................

..........................................................................................................................................

## Vos brûlures d'amour

Nous allons prendre le temps à présent de décortiquer la relation qui vous a fait le plus souffrir. Cela peut faire mal de repenser à cette relation, mais c'est justement parce que c'est douloureux qu'il devient utile d'observer, de ressentir, d'explorer... pour mieux guérir.

***Indiquez à nouveau ici le nom de la personne qui vous a fait le plus souffrir en amour (que vous soyez ou non avec cette personne aujourd'hui).***

..............................................................................................................................

***Quel âge aviez-vous quand vous vous êtes rencontrés ?***

..............................................................................................................................

***Quel âge avait l'autre ?***

..............................................................................................................................

***Comment et où vous êtes-vous rencontrés ?***

..............................................................................................................................

..............................................................................................................................

..............................................................................................................................

..............................................................................................................................

..............................................................................................................................

..............................................................................................................................

..............................................................................................................................

..............................................................................................................................

..............................................................................................................................

..............................................................................................................................

..............................................................................................................................

..............................................................................................................................

..............................................................................................................................

..............................................................................................................................

***Qui a fait le premier pas ?***

.................................................................................................................................

***Qu'est-ce qui vous attirait le plus chez cette personne au début ?***

.................................................................................................................................

.................................................................................................................................

.................................................................................................................................

.................................................................................................................................

.................................................................................................................................

.................................................................................................................................

.................................................................................................................................

***Quelle était votre situation de vie à l'époque de la rencontre ? Où viviez-vous ? Quelle situation familiale ?...***

.................................................................................................................................

.................................................................................................................................

.................................................................................................................................

.................................................................................................................................

***Quelle était la situation de vie de cette personne à l'époque de votre rencontre ?***

.................................................................................................................................

.................................................................................................................................

.................................................................................................................................

.................................................................................................................................

***Racontez le contexte et les sensations de votre premier baiser.***

.............................................................................................................................

.............................................................................................................................

.............................................................................................................................

.............................................................................................................................

.............................................................................................................................

***Combien de temps avez-vous attendu avant de faire l'amour pour la première fois ? Si cela n'a jamais eu lieu, racontez pourquoi.***

.............................................................................................................................

.............................................................................................................................

.............................................................................................................................

.............................................................................................................................

.............................................................................................................................

***Était-ce pour vous une période que vous avez trouvée trop longue, trop courte ou habituelle ?***

.............................................................................................................................

***Racontez les émotions et les pensées que vous avez eues quand vous avez fait l'amour la première fois. Était-ce bien ?***

.............................................................................................................................

.............................................................................................................................

.............................................................................................................................

.............................................................................................................................

***Est-ce que le sexe était important dans cette relation ?***

❑ Oui ❑ Non

***Combien de temps a duré la relation ?***

..................................................................................................................

***Avez-vous vécu ensemble ?***

❑ Oui ❑ Non

***Si oui, pendant combien de temps ? Où avez-vous emménagé ? Comment se passait la vie à deux ?***

..................................................................................................................

..................................................................................................................

..................................................................................................................

..................................................................................................................

..................................................................................................................

..................................................................................................................

..................................................................................................................

***Si vous n'avez pas vécu ensemble, racontez comment vous vous retrouviez, à quelle fréquence, dans quel contexte, ce que vous faisiez de ce temps ensemble.***

..................................................................................................................

..................................................................................................................

..................................................................................................................

..................................................................................................................

..................................................................................................................

..................................................................................................................

***Racontez le souvenir le plus fort ou le plus beau que vous conservez aujourd'hui de cette relation.***

..................................................................................................................

..................................................................................................................

..................................................................................................................

..................................................................................................................

..................................................................................................................

..................................................................................................................

***Quel est le mot le plus fort qui décrit le mieux cette relation amoureuse ?***

..................................................................................................................

Nous allons désormais chercher à déterminer quel type de relation vous aviez. Bien entendu, il existe autant de relations amoureuses qu'il existe d'individus. Et en apportant une réponse à cette question, il ne s'agit pas de vous ranger dans une case mais simplement de chercher les mécanismes, vertueux ou non, de cette relation.

**La relation donjon :** enfermés dans une tour, vous partagez une forte intimité. Être avec l'autre est la source la plus pure d'épanouissement personnel. Le reste importe peu. Le fonctionnement du couple peut être très souple ou bien rigide et autoritaire. Si vous avez (eu) plusieurs relations donjons, la question à vous poser est : *est-ce que vous pourriez vivre seul ?*

**La relation pote-à-pote :** votre couple devient une amicale, un pacte entre deux individus libres et autonomes. Chacun a ses projets et on ne partage que ce qui nous fait plaisir. Les deux êtres sont chacun dans leur bulle tout en étant là l'un pour l'autre, du moins c'est ce que l'on espère secrètement (pas sûr tout le temps...). Ce couple n'est pas d'accord sur tout mais il fuit le conflit et recherche sans cesse l'équilibre qui permettra une continuité de l'épanouissement individuel. Si c'est votre cas, la question à vous poser est : *est-ce que trop d'indépendance ne tue pas le désir et le plaisir d'être à deux ?*

**La relation binôme ô mon binôme :** 1+1 = 3 ! Les partenaires s'engagent à la concrétisation d'un projet commun, un projet de vie ou un projet professionnel. L'union des deux forces peut exceller dans un mariage ou la création d'un empire. Le couple n'a jamais intérêt à perdre de vue le projet commun, qui est pour les deux plus grand et plus important que soi. Si c'est votre cas, la question à vous poser est : *est-ce que vous auriez la même intensité amoureuse ou le même engagement dans le couple sans ce projet commun ?*

**La relation des grandes lassitudes :** on est l'un à côté de l'autre mais on ne se rencontre jamais vraiment. Chacun vit à son propre rythme et avec ses propres activités. Il ne s'agit pas de la construction d'un projet commun mais plutôt d'une sorte d'indifférence qui ne dit jamais son nom. L'échange n'existe pas, même si on parle beaucoup. Si c'est votre cas, la question à vous poser est : *est-ce vraiment ce que vous souhaitez vivre en amour ?*

En vous inspirant de ces grandes familles de couples ou de celles que vous connaissez, cherchez à dépeindre votre relation. ***Sur quel modèle de fonctionnement cette relation qui vous a fait souffrir reposait-elle ?***

................................................................................................

................................................................................................

***Est-ce que cette relation vous a fait du bien ou du mal ou les deux à la fois ? Quels ont été vos ressentis au cours de cette relation ?***

..........................................................................................

..........................................................................................

..........................................................................................

..........................................................................................

..........................................................................................

..........................................................................................

..........................................................................................

..........................................................................................

..........................................................................................

..........................................................................................

..........................................................................................

***Quel est le premier mot qui vous vient lorsque vous pensez maintenant à cette personne ?***

..........................................................................................

***Quelle intensité de désir ou d'attachement avez-vous ressenti pour cette personne ?*** Le désir naît d'un manque qui se cristallise sur un besoin physique ou psychologique. Sur une échelle de 1 à 10, où situez-vous le curseur de votre désir amoureux ? 1 correspondant à PEU INTENSE et 10 correspondant à TRÈS INTENSE.

1 2 3 4 5 6 7 8 9 10

***Est-ce que cet attachement est venu rapidement et sous quelle forme ? Ou est-ce que cela a mis du temps à s'installer ?***

..........................................................................................................................

..........................................................................................................................

..........................................................................................................................

..........................................................................................................................

***Faites la liste de cinq choses que vous adoriez chez cette personne.***

1. ..........................................................................................................
2. ..........................................................................................................
3. ..........................................................................................................
4. ..........................................................................................................
5. ..........................................................................................................

***Faites la liste de cinq choses que l'autre adorait chez vous.***

1. ..........................................................................................................
2. ..........................................................................................................
3. ..........................................................................................................
4. ..........................................................................................................
5. ..........................................................................................................

## L'évolution de la relation

***Êtes-vous toujours en relation avec cette personne aujourd'hui ?***

❑ Oui ❑ Non

***Si cette relation est à présent terminée, racontez comment elle s'est terminée. Quel regard portez-vous aujourd'hui sur la fin de cette relation ?***

.......................................................................................................................

.......................................................................................................................

.......................................................................................................................

.......................................................................................................................

.......................................................................................................................

.......................................................................................................................

***Et si toutefois elle se conjugue toujours au présent, racontez si vous craignez qu'elle s'arrête et ce que serait alors pour vous la pire manière pour une fin.***

.......................................................................................................................

.......................................................................................................................

.......................................................................................................................

.......................................................................................................................

.......................................................................................................................

.......................................................................................................................

***Est-ce que vous considérez aujourd'hui que la relation était déséquilibrée voire toxique ? Et si oui, pourquoi ?***

.......................................................................................................................

.......................................................................................................................

.......................................................................................................................

.......................................................................................................................

.......................................................................................................................

***Qu'est-ce qui vous a le plus blessé dans cette relation ?***

..................................................................................................................................

..................................................................................................................................

..................................................................................................................................

..................................................................................................................................

..................................................................................................................................

..................................................................................................................................

J'imagine que vous avez au fond de vous le souvenir de quelques disputes, n'est-ce pas ? Alors fermez les yeux et posez-vous cette question :

***Quel conflit m'a fait le plus mal ?***

***Racontez cette dispute (les raisons, ce qui s'est dit/passé).***

..................................................................................................................................

..................................................................................................................................

..................................................................................................................................

..................................................................................................................................

..................................................................................................................................

..................................................................................................................................

..................................................................................................................................

..................................................................................................................................

..................................................................................................................................

..................................................................................................................................

..................................................................................................................................

..................................................................................................................................

***Quelle était l'intensité de ce conflit ?*** (1 correspondant à PAS DU TOUT INTENSE et 10 correspondant à TRÈS INTENSE.)

---

1 2 3 4 5 6 7 8 9 10

***Qu'avez-vous ressenti ?***

..............................................................................................................

..............................................................................................................

..............................................................................................................

..............................................................................................................

..............................................................................................................

***Quelles ont été les conséquences de ce désaccord entre vous ?***

..............................................................................................................

..............................................................................................................

..............................................................................................................

..............................................................................................................

..............................................................................................................

***Si vous deviez revivre ce conflit aujourd'hui, comment réagiriez-vous ?***

..............................................................................................................

..............................................................................................................

..............................................................................................................

..............................................................................................................

..............................................................................................................

***Avez-vous la sensation que les disputes étaient fréquentes ?***
(1 correspondant à PEU FRÉQUENT et 10 correspondant à TRÈS FRÉQUENT.)

---

1 2 3 4 5 6 7 8 9 10

***Est-ce que l'un d'entre vous a eu une relation amoureuse ou sexuelle hors de votre relation ?***

❑ Oui ❑ Non

***Durant la relation, quelles émotions négatives avez-vous le plus ressenties ?***

❑ HONTE
❑ CULPABILITÉ
❑ FRUSTRATION
❑ COLÈRE
❑ JALOUSIE
❑ TRISTESSE
❑ ANGOISSE
❑ DÉCEPTION
❑ PEUR
❑ DÉGOÛT
❑ Autre chose ?
.........................................................................

***Pensez-vous toujours être attiré par cette personne ?***
(1 correspondant à NON, PAS DU TOUT et 10 correspondant à OUI TOTALEMENT.)

---

1 2 3 4 5 6 7 8 9 10

## La relation bonheur

Nous allons nous arrêter là pour l'instant sur cette relation-souffrance. Reprenez votre liste de relations (voir p. 25) et observez-la à nouveau. Comment la percevez-vous après cette première partie du travail d'introspection ?

***Notez à présent le nom de la personne que vous avez le plus aimée.***

..........................................................................................................................................

***Est-ce la même personne que celle qui vous a fait le plus souffrir ?***

❑ Oui ❑ Non

***Êtes-vous toujours en couple avec cette personne ?***

❑ Oui ❑ Non

***Si oui, depuis combien de temps ? Si non, combien de temps a duré la relation ?***

..........................................................................................................................................

***Qu'est-ce qui vous a séduit chez cette personne ?***

..........................................................................................................................................

..........................................................................................................................................

..........................................................................................................................................

..........................................................................................................................................

..........................................................................................................................................

..........................................................................................................................................

..........................................................................................................................................

..........................................................................................................................................

..........................................................................................................................................

..........................................................................................................................................

***D'après vous, cette personne a-t-elle été également séduite par vous ? Si oui, pour quelles raisons ?***

.......................................................................................................

.......................................................................................................

.......................................................................................................

.......................................................................................................

.......................................................................................................

.......................................................................................................

.......................................................................................................

***Racontez un moment de bonheur vécu avec cette personne.***

.......................................................................................................

.......................................................................................................

.......................................................................................................

.......................................................................................................

.......................................................................................................

.......................................................................................................

.......................................................................................................

***Qu'est-ce que vous aim(i)ez le plus dans cette relation ? Notez cinq sources de plaisir et d'épanouissement.***

1. .......................................................................................................
2. .......................................................................................................
3. .......................................................................................................
4. .......................................................................................................
5. .......................................................................................................

***En quoi cette relation vous (a-t-elle) fait du bien ?***

..................................................................................................................................

..................................................................................................................................

..................................................................................................................................

..................................................................................................................................

***Quel serait le mot qui décrirait le mieux cette relation ?***

..................................................................................................................................

***Comment est/était le sexe avec cette personne ?***

..................................................................................................................................

..................................................................................................................................

..................................................................................................................................

..................................................................................................................................

..................................................................................................................................

..................................................................................................................................

..................................................................................................................................

***En quoi cette relation est/était d'une qualité suffisamment exceptionnelle pour être votre plus grande relation d'amour ?***

..................................................................................................................................

..................................................................................................................................

..................................................................................................................................

..................................................................................................................................

..................................................................................................................................

..................................................................................................................................

***Est-ce que par moments cette relation a pu également être une source de souffrance ? Si oui, à quel(s) sujet(s) ?***

..............................................................................................................

..............................................................................................................

..............................................................................................................

..............................................................................................................

..............................................................................................................

..............................................................................................................

***De façon générale, comment votre partenaire agit/agissait-il envers vous ?*** Est/Était-il à votre écoute ? Généreux, expressif, démonstratif ou plutôt jaloux, colérique ? Est-ce que sa présence est/était apaisante ? (C'est le moment où vous pouvez vous plaindre, sans jugement et librement, allez-y !)

..............................................................................................................

..............................................................................................................

..............................................................................................................

..............................................................................................................

..............................................................................................................

..............................................................................................................

..............................................................................................................

..............................................................................................................

..............................................................................................................

***Est-ce que vous avez créé un réseau d'amis en commun ?***

❑ Oui ❑ Non

***Nommez les cinq personnes les plus proches de votre couple.***

1. ..................................................................................................

2. ..................................................................................................

3. ..................................................................................................

4. ..................................................................................................

5. ..................................................................................................

***Avec vos amis, est-ce que vous vous comport(i)ez de la même façon que dans l'intimité ou différemment ? Quelle image vos amis ont/avaient de votre couple d'après vous ?***

......................................................................................................

......................................................................................................

......................................................................................................

......................................................................................................

......................................................................................................

***Av(i)ez-vous des centres d'intérêt ou des passions en commun ? Si oui, lesquels ?*** (On ne parle pas ici du ménage mais bien d'activités de plaisir, de culture ou de détente à partager à deux ! Si vous parvenez à en nommer 5, c'est plutôt pas mal ! Et s'il n'y a que Netflix ou la télé dans le lot, ce n'est pas super... Cette question n'a l'air de rien mais en réalité vos réponses représentent l'oxygène de votre relation !

......................................................................................................

......................................................................................................

......................................................................................................

......................................................................................................

***Quelles leçons tirez-vous de cette relation amoureuse, sur votre façon d'aimer et d'être aimé, d'être en couple. Qu'avez-vous appris ?***

......................................................................................................................

......................................................................................................................

......................................................................................................................

......................................................................................................................

......................................................................................................................

......................................................................................................................

......................................................................................................................

......................................................................................................................

......................................................................................................................

......................................................................................................................

......................................................................................................................

......................................................................................................................

......................................................................................................................

***Que vous soyez ou non en couple aujourd'hui avec cette personne, avez-vous le sentiment que vous avez idéalisé cette personne ou cette relation ?*** (1 correspondant à PAS DU TOUT et 10 correspondant à TOTALEMENT.)

| | | | | | | | | | |
|---|---|---|---|---|---|---|---|---|---|
| 1 | 2 | 3 | 4 | 5 | 6 | 7 | 8 | 9 | 10 |

***Est-ce que cette relation a pu représenter pour vous un idéal amoureux ?***

❑ Oui ❑ Non

***Si la relation est terminée, quels sont les ingrédients de cette alchimie que vous souhaiteriez retrouver et revivre un jour (sans tous les mauvais côtés) ?***

........................................................................................................................

........................................................................................................................

........................................................................................................................

........................................................................................................................

***Et si vous êtes toujours avec cette personne, pensez-vous que cet idéal pourra durer ? Si oui, comment ?***

........................................................................................................................

........................................................................................................................

........................................................................................................................

........................................................................................................................

## Votre bilan sur vos relations passées

Vous venez de faire remonter le souvenir de deux relations : celle qui vous a fait le plus souffrir et celle dont le sentiment amoureux a été le plus fort. Peut-être que ces deux relations se confondent. À présent, nous allons analyser ensemble le lien que vous entretenez avec le sentiment amoureux et la mécanique que vous mettez en place inconsciemment dans les relations, depuis la rencontre jusqu'à la rupture.

***Quels liens faites-vous entre la personne que vous avez le plus aimée et celle qui vous a fait le plus souffrir ?*** Qu'est-ce que cela dit de vous, de votre histoire, de vos souvenirs d'enfance, de vos croyances au sujet de vous-même, de vos peurs, de vos angoisses ? Il s'agit ici de percevoir et de comprendre que rien ne nous arrive par hasard dans la vie. Nous sommes tous inconsciemment attirés par des personnalités qui peuvent réveiller des blessures profondes ou les guérir. On ne tombe pas par hasard dans les filets d'une personne qui nous voudrait du mal pour rien. On s'attire mutuellement car une partie blessée en nous (que l'on ignore parfois) a besoin de s'exprimer, d'être entendue, d'être guérie, d'être comprise... Et elle ne peut se révéler que dans un face-à-face avec l'autre. L'amour ne rend aveugle que si on refuse de voir.

..........................................................................................................

..........................................................................................................

..........................................................................................................

..........................................................................................................

..........................................................................................................

..........................................................................................................

..........................................................................................................

..........................................................................................................

..........................................................................................................

..........................................................................................................

..........................................................................................................

***Pensez-vous être guéri des blessures de toutes vos relations ?***
(1 correspondant à JE SUIS GUÉRI et 10 correspondant à JE NE SUIS PAS GUÉRI.)

1 2 3 4 5 6 7 8 9 10

***Êtes-vous encore attaché à un ou des partenaires de votre passé ?***

❑ Oui ❑ Non

***Avec le recul, est-ce que la confiance était solide dans vos relations amoureuses ?***

❑ Oui ❑ Non

***Si vous mettez l'amour de côté, quels « bénéfices secondaires » tiriez-vous de vos relations amoureuses ?*** On appelle bénéfice secondaire le fait de tirer un avantage (plus ou moins conscient) d'une situation. On qualifiera ainsi toutes ces grandes et petites raisons qui nous poussent à demeurer dans un état d'insatisfaction, simplement parce que nous sommes en terrain connu. Les bénéfices secondaires peuvent être multiples : familiaux ou sociétaux, ou encore d'ordre matériel/financier, psychologique, intellectuel, physique, sexuel… Répondez honnêtement. Un indice : ces bénéfices sont souvent un peu honteux.

..........................................................................................

..........................................................................................

..........................................................................................

..........................................................................................

..........................................................................................

..........................................................................................

..........................................................................................

..........................................................................................

..........................................................................................

..........................................................................................

***Aujourd'hui, est-ce que vous estimez que la plupart de vos relations amoureuses ont été épanouissantes ?*** (1 correspondant à PEU ÉPANOUISSANTES et 10 correspondant à TRÈS ÉPANOUISSANTES.)

| | | | | | | | | | |
|---|---|---|---|---|---|---|---|---|---|
| 1 | 2 | 3 | 4 | 5 | 6 | 7 | 8 | 9 | 10 |

***Pensez-vous être toujours attiré par le même genre de personnes ?*** (1 correspondant à NON, PAS DU TOUT et 10 correspondant à OUI, TOTALEMENT.)

| | | | | | | | | | |
|---|---|---|---|---|---|---|---|---|---|
| 1 | 2 | 3 | 4 | 5 | 6 | 7 | 8 | 9 | 10 |

***Quelle que soit votre réponse, pourquoi pensez-vous cela ?***

..........

..........

..........

..........

***Avez-vous des regrets à propos de votre vie amoureuse ? Si oui, lesquels ?*** Est-ce que ce sont des regrets concernant le choix de certains partenaires ? Sur l'évolution de certaines histoires ? Vos prises de conscience ? Un manque de confiance ? De mauvaises décisions ?

..........

..........

..........

..........

..........

........................................................................................................................................

........................................................................................................................................

........................................................................................................................................

........................................................................................................................................

........................................................................................................................................

........................................................................................................................................

***Quelle est la plus grande leçon que vous tirez de votre vie amoureuse ? Qu'avez-vous appris sur vous-même, sur les autres et sur la vie ?***

........................................................................................................................................

........................................................................................................................................

........................................................................................................................................

........................................................................................................................................

........................................................................................................................................

***Si vous deviez revivre vos relations amoureuses, et notamment celle qui vous a fait le plus souffrir, que changeriez-vous au niveau de votre attitude ? Si vous aviez pu vous parler à vous-même à cette époque, qu'est-ce que vous vous diriez ?***

........................................................................................................................................

........................................................................................................................................

........................................................................................................................................

........................................................................................................................................

........................................................................................................................................

........................................................................................................................................

........................................................................................................................................

Partie 2

# ON SE DÉTEND ET ON ANALYSE

# DE LA RENCONTRE AU « JE T'AIME »

Je vous invite à présent à analyser votre attitude au moment de la rencontre amoureuse. Cette période est un moment-clé parce que c'est justement à ce moment-là que s'installe une mécanique relationnelle avec l'autre, qui structure dès le départ tout ce qui va s'exprimer par la suite. Les sept premiers rendez-vous avec l'autre sont tout simplement déterminants. Cela ne signifie pas qu'il faille jouer un rôle ou être quelqu'un d'autre. C'est généralement ce que tout le monde fait déjà. L'idée est beaucoup plus subtile. Il s'agit davantage de vous laisser aller à votre véritable nature selon vos besoins et vos désirs, tout en observant les interactions avec l'autre avec conscience. **Est-ce que je suis heureux de vivre cette rencontre ? Quelles sont mes sensations ? Est-ce que cette rencontre améliore la qualité de ma vie ? Est-ce que je me sens bien et à l'aise ? Est-ce que j'ai confiance en cette personne ? Est-ce que j'ai du désir et du plaisir ? Est-ce que cette personne m'apaise ? Est-ce que les moments passés sont de qualité ?**

Si la réponse est NON à une ou plusieurs de ces questions, ne concluez pas nécessairement que la personne ou la rencontre n'est pas la bonne. L'autre est rarement la cause de tous nos problèmes. Il faut commencer par vous remettre en question.

Relevons d'abord qu'il y a quatre étapes qui se succèdent lors d'une rencontre amoureuse :

- **Faire connaissance :** « Qui es-tu ? » (découverte du corps, du cœur, de l'âme, de l'esprit).

— **La poursuite de l'idéal :** « C'est la personne que j'attendais, j'ai l'impression de la connaître depuis toujours. »

— **La chute inévitable :** « Ce n'est pas vraiment la personne que je croyais. »

— **Le couple :** « J'ai envie d'un avenir avec toi. »

***En général, à quel moment de ces différentes étapes dites-vous « je t'aime » ? Dans la phase CONNAISSANCE, IDÉAL, CHUTE ou COUPLE ?***

..........................................................................................................

***Est-ce qu'il y a une étape qui est particulièrement difficile à vivre pour vous ? Si oui, laquelle et pourquoi ?***

..........................................................................................................

..........................................................................................................

..........................................................................................................

..........................................................................................................

..........................................................................................................

***Quand vous êtes attiré par une personne, avez-vous du plaisir à faire le premier pas ? Le faites-vous ? Est-ce facile ou difficile ? Ou bien est-ce que vous préférez vous laisser désirer, choisir, draguer et aborder ?***

..........................................................................................................

..........................................................................................................

..........................................................................................................

..........................................................................................................

..........................................................................................................

***Quel est votre plus beau souvenir de rencontre ?***

.................................................................................................

.................................................................................................

.................................................................................................

.................................................................................................

.................................................................................................

***Avez-vous la sensation d'avoir eu davantage d'échecs ou de réussites de séduction ?***

❑ Échecs ❑ Réussites

***Pourquoi pensez-vous cela ?***

.................................................................................................

.................................................................................................

.................................................................................................

.................................................................................................

.................................................................................................

***Avez-vous la sensation de jouer un rôle lorsque vous rencontrez une personne la première fois ? Si oui, pourquoi ?***

.................................................................................................

.................................................................................................

.................................................................................................

.................................................................................................

.................................................................................................

.................................................................................................

***Dans quel(s) contexte(s) rencontrez-vous généralement des potentiels amoureux ?***

- ❑ Sur les réseaux sociaux
- ❑ Sites de rencontres
- ❑ En extérieur (rue, transport, parc…)
- ❑ Boîtes de nuit/bars
- ❑ Chez des amis
- ❑ Dans la vie professionnelle
- ❑ En vacances
- ❑ Autre ?

…………………………………………………………………………………………………………

***Quel est votre pire souvenir de rencontre, celle qui vous a mis mal à l'aise ou que vous n'avez pas appréciée ? Pourquoi et quelle leçon en tirez-vous ?***

…………………………………………………………………………………………………………

…………………………………………………………………………………………………………

…………………………………………………………………………………………………………

…………………………………………………………………………………………………………

…………………………………………………………………………………………………………

…………………………………………………………………………………………………………

…………………………………………………………………………………………………………

…………………………………………………………………………………………………………

…………………………………………………………………………………………………………

…………………………………………………………………………………………………………

***Lors des trois premiers mois d'une relation amoureuse, comment évoluent habituellement vos sentiments ?***

..............................................................................................................

..............................................................................................................

..............................................................................................................

..............................................................................................................

..............................................................................................................

..............................................................................................................

..............................................................................................................

..............................................................................................................

..............................................................................................................

..............................................................................................................

..............................................................................................................

***Habituellement, combien de temps vous faut-il pour vous sentir en couple ?***

..............................................................................................................

..............................................................................................................

..............................................................................................................

..............................................................................................................

..............................................................................................................

..............................................................................................................

..............................................................................................................

..............................................................................................................

..............................................................................................................

# VOS VALEURS

***Habituellement, dans vos relations amoureuses, qui prend les décisions ?***

❑ Moi ❑ Les deux ❑ L'autre

***En général, qui gère le quotidien ? Comment se déroule la répartition des tâches ?*** (Mettez un **+** pour la personne qui décide et un **Δ** pour celle qui réalise généralement la tâche.)

| Qui décide (**+**) et qui fait quoi (**Δ**) ? | **MOI** | **L'AUTRE** |
|---|---|---|
| Les repas | | |
| L'argent | | |
| Les vacances | | |
| Le linge | | |
| Les courses | | |
| L'administratif | | |
| La sexualité | | |
| Le dialogue | | |
| Les bisous | | |
| Les projets | | |
| Les loisirs | | |
| Les sorties | | |
| La communication | | |
| Les premiers pas | | |
| La tendresse | | |

***Est-ce que cette répartition vous semble équilibrée, acceptable ou source de conflits dans vos relations ?***

.........................................................................................................

.........................................................................................................

.........................................................................................................

.........................................................................................................

.........................................................................................................

.........................................................................................................

***Dans une relation amoureuse, qu'est-ce que vous attendez généralement de l'autre ?*** (Entourez les meilleures réponses pour vous.)

- ❑ Présence
- ❑ Disponibilité
- ❑ Réconfort
- ❑ Tendresse
- ❑ Divertissement
- ❑ Sécurité
- ❑ Autonomie
- ❑ Vision commune
- ❑ Liberté
- ❑ Protection
- ❑ Guérison
- ❑ Spontanéité
- ❑ Créativité
- ❑ Légèreté
- ❑ Exclusivité
- ❑ Sensibilité
- ❑ Douceur
- ❑ Réciprocité
- ❑ Partage
- ❑ Égalité
- ❑ Générosité
- ❑ Curiosité
- ❑ Honnêteté
- ❑ Magie

***Est-ce qu'il y a autre chose que vous attendez de l'autre ? Si oui, quoi ?***

Toutes ces attentes sont vos valeurs, c'est-à-dire ce qui est essentiel à vos yeux dans une relation. Ces valeurs peuvent se transformer dans le temps, parce que la vie vous change. Mais considérez ces valeurs avec conscience.

..............................................................................................................

..............................................................................................................

..............................................................................................................

..............................................................................................................

..............................................................................................................

..............................................................................................................

..............................................................................................................

***Parmi vos rencontres passées, celles qui ont le plus compté, ont-elles satisfait vos valeurs ?***

❑ Oui ❑ Non

***Laquelle de ces valeurs est la plus difficile à satisfaire lors d'une rencontre et pourquoi ?***

..............................................................................................................

..............................................................................................................

..............................................................................................................

..............................................................................................................

..............................................................................................................

..............................................................................................................

***Comment réagissez-vous habituellement si vos attentes ne sont pas respectées, satisfaites ou comblées ? Et que ressentez-vous alors ?***

***Avez-vous remarqué que vos partenaires peuvent avoir envers vous des attentes semblables ? Le cas échéant, lesquelles ?***

***Avez-vous noté également que vos partenaires et peut-être vos amis proches voire votre famille pouvaient vous formuler les mêmes reproches ? Si oui, lesquels ?***

..........

..........

..........

..........

..........

***Est-ce qu'il vous arrive d'avoir la sensation de ne pas être compris par vos partenaires amoureux ? Et si oui, à quel niveau ?***

..........

..........

..........

..........

..........

***Avez-vous la sensation que vos partenaires vous reprochent toujours la même chose ? Quoi par exemple ?***

- ❑ Manque d'écoute
- ❑ Manque de tendresse
- ❑ Manque d'attention
- ❑ Distance/Absence
- ❑ Émotivité
- ❑ Jalousie
- ❑ Désorganisation
- ❑ Emportement, colère
- ❑ Manque de sérieux
- ❑ Manque d'engagement
- ❑ Manque de spontanéité
- ❑ Manque de soutien
- ❑ Manque de générosité
- ❑ Manque de disponibilité
- ❑ Manque de libido

***Voyez-vous d'autres reproches ? Si oui, lesquels ?***

..........

..........

..........

..........

..........

..........

..........

..........

..........

..........

***Reprenez votre liste de valeurs, ce qui est essentiel pour vous, et demandez-vous si ce que l'on vous reproche est compatible avec vos valeurs et vos attentes dans une relation ?***

..........

..........

..........

..........

..........

..........

..........

..........

..........

..........

# VOTRE LIEN D'ATTACHEMENT

L'attachement dans un couple devient un problème quand on ne se sent pas en sécurité. Quoique l'on fasse et quoique fasse l'autre, le problème d'insécurité émotionnelle demeure.

***Tombez-vous souvent amoureux de personnes distantes (affectivement ou géographiquement) ?***

❑ Oui ❑ Non

***Tombez-vous souvent amoureux de personnes qui deviennent vite dépendantes de vous (affectivement ou financièrement) ?***

❑ Oui ❑ Non

***Avez-vous la sensation d'avoir des difficultés à vous lier, à vous engager ou à exprimer vos sentiments ?***

❑ Oui ❑ Non

***Avez-vous parfois l'impression que même vos proches ne s'intéressent pas à vous ou ne vous comprennent pas suffisamment ?***

❑ Oui ❑ Non

***Éprouvez-vous un besoin de perfection, de toujours plus et de toujours mieux ?***

❑ Oui ❑ Non

***Est-ce que vous vous ennuyez très vite ?***

❑ Oui ❑ Non

***Avez-vous régulièrement la sensation de vous sentir seul et vide ?***

❑ Oui ❑ Non

***Lorsque l'on apprend à vous connaître, est-ce difficile à votre avis de vous aimer ou de vous accepter tel que vous êtes vraiment ?***

❑ Oui ❑ Non

***Êtes-vous constamment en retard ?***

❑ Oui ❑ Non

***Avez-vous l'habitude de procrastiner, de ne jamais aller au bout de vos projets ?***

❑ Oui ❑ Non

***Placez-vous les besoins d'autrui avant les vôtres ?***

❑ Oui ❑ Non

***Avez-vous la sensation de ne pas avoir de chance dans la vie ?***

❑ Oui ❑ Non

***Vous arrive-t-il, malgré l'amour et les succès que vous avez eus, de vous sentir malheureux, insatisfait, et d'être persuadé de ne pas avoir trouvé votre place ?***

❑ Oui ❑ Non

***Avez-vous souvent l'impression que vous n'êtes pas légitime ?***

❑ Oui ❑ Non

***Est-ce difficile pour vous de faire confiance aux autres ?***

❑ Oui ❑ Non

***Avez-vous cette impression de ne pas être doué pour les échanges humains, que vous ne comprenez pas les autres et que les autres ne vous comprennent pas vraiment ?***

❑ Oui ❑ Non

***Est-ce difficile pour vous d'exprimer vos sentiments ou de dire « je t'aime » ?***

❑ Oui ❑ Non

***Est-ce difficile pour vous que l'on vous dise « je t'aime » ?***

❑ Oui ❑ Non

Si vous avez répondu OUI à une ou plusieurs de ces questions (et vous serez nombreux), il est fort probable que votre structure personnelle se soit construite de façon inadaptée. Votre structure personnelle abrite toutes vos croyances et vos peurs inconscientes développées principalement durant l'enfance et dans les relations difficiles à l'âge adulte. Elles sont le fruit de stratégies utilisées pour vous adapter, vous protéger et même survivre émotionnellement. C'est votre fondation psychique sur laquelle votre vie s'est construite et qui dirige aujourd'hui toute votre vie amoureuse, rien de moins que ça.

Même une fois devenu adulte et autonome, cette structure ne vous quitte plus. Et plus encore, tout ce que vous allez vivre ne va que confirmer cette structure personnelle, c'est-à-dire vos peurs, vos croyances. En d'autres termes, durant l'intégralité et votre vie, vous allez recréer dans vos relations amoureuses les conditions et les circonstances de votre structure personnelle et développer un système réactif correspondant. C'est la raison pour laquelle vous pouvez avoir des émotions et des pensées qui reviennent sans cesse telles que : *Je me sens ignoré, humilié, abandonné, rejeté, mal-aimé, mal compris, malchanceux, frustré, illégitime.* Ainsi, inconsciemment, on va attirer et choisir les rencontres amoureuses uniquement en fonction de notre structure personnelle et, avec comme dessein, de la confirmer et de la renforcer. Par exemple, une personne perfectionniste à l'excès va attirer des personnes qui la critiquent, ce qui maintient sa structure personnelle. La personne qui craint l'abandon va naturellement attirer à elle un partenaire qui a fui l'engagement. Plus alambiqué aussi, c'est de contre-attaquer sa structure personnelle en pensant et en réagissant de façon opposée. Par exemple, une personne qui souffre d'un manque affectif peut réclamer tellement d'attention qu'elle va faire fuir tout le monde et au bout du compte se retrouver encore plus privée d'affection et d'attention, renforçant ainsi sa structure personnelle. C'est la raison pour laquelle on a une tendance à la répétition : on reproduit les mêmes difficultés et les mêmes échecs amoureux en attirant le même type de personnes et en rejouant le même scénario et les mêmes conflits.

Cette structure personnelle continue ainsi d'être à l'œuvre et de conditionner qui vous êtes, vos réactions, vos choix, vos désirs et vos relations, tant que vous n'en prenez pas conscience et tant que vous ne créez pas une autre structure : celle que vous avez choisie.

***Avez-vous des certitudes sur vous, la vie et les autres ? Avez-vous l'impression d'attirer les mêmes types de relations amoureuses ? Avez-vous la sensation qu'on ne vous comprend pas ? Est-ce que vous avez la sensation qu'il est difficile de trouver l'amour ? Est-ce que vous avez besoin que votre partenaire vous rassure ?*** Si la réponse est oui, c'est votre structure personnelle qui parle.

En thérapie cognitive et comportementale, on parle de « schémas précoces inadaptés ». Le Dr Jeffrey Young en distingue dix-huit, tous issus de blessures d'enfance : ***abandon, méfiance,***

***manque affectif, honte, isolement, dépendance, peur, surprotection, échec, domination, manque de contrôle, soumission, abnégation, besoin d'approbation, négativité, surcontrôle, perfectionnisme, punition.*** Est-ce que vous vous reconnaissez dans cette liste ?

Afin de démasquer au quotidien votre structure personnelle, apprenez à devenir conscient de vos pensées automatiques face à une situation qui génère une émotion. Voici des exemples de pensées automatiques : ***Comment ose-t-il me parler ainsi ? Pourquoi est-ce toujours à moi que ça arrive ? Pourquoi j'ai fait ça ? Je suis trop nul, moche et trop vieux... Je n'y arriverai jamais. J'ai peur de vieillir seul.*** Pour vous aider à percevoir vos pensées automatiques, rappelez-vous un fait récent qui vous a stressé, blessé ou angoissé : ***quelle fut la dernière chose qui vous a angoissé ou fait souffrir ?*** Peut-être a-t-elle eu lieu aujourd'hui, hier ou cette semaine. Mais choisissez la dernière afin que vos souvenirs soient le plus frais possible.

| **Racontez la situation** (juste les faits de manière objective) |
| --- |
| |

| **Décrivez l'émotion ou les sensations ressenties** |
| --- |
| |
| **Quelle fut votre pensée immédiate, ce que vous vous êtes dit intérieurement ?** (Votre pensée automatique) |
| |

| **À la place de cette pensée automatique, qu'est-ce que vous auriez pu vous dire d'autre ou comment auriez-vous pu réagir autrement ?** |
| --- |
| |

***Avez-vous la sensation de retomber sans cesse dans les mêmes difficultés relationnelles ?*** (1 correspondant à AUCUNE DIFFICULTÉ et 10 correspondant à JE REVIS SANS CESSE LES MÊMES DIFFICULTÉS.)

| 1 | 2 | 3 | 4 | 5 | 6 | 7 | 8 | 9 | 10 |
| --- | --- | --- | --- | --- | --- | --- | --- | --- | --- |

Maintenant, entrons au cœur des liens d'attachement. On distingue deux grandes familles d'attachement :

**1. L'attachement apaisé :** c'est l'attachement le plus sain, le plus équilibré et le plus harmonieux, celui dont on ne souffre jamais. C'est le lien qui favorise le respect de soi et de l'autre dans une équité transparente. On accepte nos imperfections, on les assume. On accepte les imperfections des autres. On affirme nos limites et on respecte celles des autres. Le seul problème, c'est que PERSONNE ou presque ne naît naturellement avec ce lien d'attachement. Pourquoi ? Parce qu'on a tous eu des blessures, des angoisses, des frustrations, des déceptions, des violences, petites ou grandes. Sans travail conscient sur soi, sans démarche thérapeutique, le lien d'attachement apaisé n'existe pas spontanément ou très rarement. Alors on passe directement à la famille suivante ?

**2. L'attachement non-apaisé :** c'est le lien d'attachement qui concerne TOUT LE MONDE ou presque (moi y compris…). Ces liens d'attachement peuvent prendre différentes formes, selon nos blessures d'enfance et notre personnalité, mais ont tous comme points communs : une très faible estime de soi, un manque d'assurance et d'amour de soi, une quasi-absence de confiance en l'autre et en la vie.

— **L'anxieux :** sans la présence de l'autre, on se sent seul, perdu ou vide. On a besoin de l'autre pour ressentir des émotions positives (de la joie, de la paix intérieure ). Par exemple, on peut ressentir un besoin permanent de la présence de l'autre tout en ayant la sensation que ce n'est jamais assez, d'en vouloir toujours plus. L'anxieux a besoin d'aimer et d'être aimé. La forme extrême de ce lien d'attachement est la dépendance active, qui se caractérise notamment par des difficultés à être autonome, de la jalousie, de la possessivité et un besoin d'exclusivité affirmé en période de stress.

— **L'évitant :** par peur de souffrir, on ne veut compter que sur soi-même. En minimisant les émotions et les liens relationnels, en se coupant des autres et de soi, on se crée une illusion de sécurité : personne ne peut me faire de mal. L'évitant craint d'aimer et d'être aimé. Dans sa forme extrême, l'évitant s'isole physiquement.

— **L'anxieux-évitant :** c'est un mélange des deux premiers. La base est anxieuse mais pour ne pas souffrir et en situation de stress, l'anxieux-évitant va mettre un bouclier entre l'autre et lui-même : une protection vis-à-vis de ses émotions douloureuses et de son anxiété, tout en recherchant la présence de l'autre dans un besoin presque pulsionnel. L'anxieux-évitant a besoin d'être aimé mais il craint d'aimer.

— **Le désorienté :** c'est la forme la plus désorganisée du lien d'attachement mais aussi la plus rare. Le chaos règne et les relations font toujours mal. Le mode relationnel est « Fuis-moi je te suis, suis-moi je te suis ». On est enclins à la destruction des relations et à l'autodestruction pour faire face à des tornades d'émotions, des pulsions incontrôlables et des vides intérieurs à combler. Le désorienté a un besoin-rejet pulsionnel de l'amour.

Savez-vous sur quels liens d'attachement reposent vos relations amoureuses ? Vous avez peut-être déjà une petite idée. Pour identifier votre lien d'attachement, je vous invite à lire les propositions ci-dessous et à cocher celle qui correspond le plus à ce que vous ressentez.

### *Que ressentez-vous…*

***Quand vous êtes seul le soir ?***

❐ A - Je me sens aussi bien seul qu'en présence de la personne que j'aime.

❐ B - Je me sens mal d'être seul et la personne que j'aime me manque.

❐ C - J'ai l'habitude de me retrouver seul. De toute façon, c'est comme ça depuis toujours.

❐ D - J'ai un fort besoin de manger, de fumer, de boire de trouver un substitut si je ne peux pas avoir de sexe ou d'affection.

***Quand vous vous couchez seul ?***

- ❒ A – J'ai autant de plaisir à m'endormir seul qu'avec la personne que j'aime.
- ❒ B – J'ai du mal à m'endormir car je me sens seul et la personne que j'aime me manque.
- ❒ C – Je n'ai besoin de personne pour m'endormir.
- ❒ D – Je me sens vide, j'ai envie de hurler ou de fuir.

***Quand vous retrouvez la personne que vous aimez ?***

- ❒ A – Je parviens de manière très naturelle à exprimer ce que je ressens : mes besoins et mes émotions tout en accueillant les émotions, les attentions et l'affection de mon partenaire.
- ❒ B – J'ai le besoin de sentir la personne que j'aime proche de moi. Et en même temps, j'ai la sensation que ce n'est pas suffisant ou que mon partenaire n'est pas suffisamment attentionné ou attentif à ce que je ressens ou à mes besoins.
- ❒ C – Je ressens une tension permanente car j'ai la sensation de ne pas être à la hauteur des attentes de l'autre.
- ❒ D – J'ai toujours la sensation qu'un drame est sur le point d'arriver et va mettre subitement un terme à la relation.

***Quand vous êtes dans une intimité physique ?***

- ❒ A – J'aime autant donner que de recevoir du plaisir. Je suis à l'aise avec mon corps et mes sources de plaisir et j'exprime facilement mes besoins.
- ❒ B – J'ai passionnément besoin de sentir la fusion de nos corps, c'est une immense source de plaisir pour moi, j'en ai jamais assez.

❒ C – Je ne parviens pas à m'abandonner. Je suis toujours dans le contrôle. J'ai l'impression de jouer un rôle sexuel, ce qui limite mon plaisir.

❒ D – J'aime le sexe quand il est intense et même lorsqu'il fait mal, sinon je me sens coupé de mon corps et de mon plaisir.

***Quand on n'est pas d'accord ?***

❒ A – Ce n'est pas forcément agréable mais j'entends ce que mon partenaire me dit tout en expliquant sereinement ce que je ressens. Jamais on ne se dispute parce qu'on n'est pas d'accord. Je cherche un compromis.

❒ B – Je me sens en insécurité. J'ai la sensation que mon partenaire ne m'aime pas et va me quitter.

❒ C – Je fuis les conflits, j'ai horreur de ça.

❒ D – Je ressens de la violence intérieure et de la confusion.

***Est-ce facile pour vous d'aimer et d'être aimé ?***

❒ A – Oui, je n'ai aucun problème avec les sentiments. Je parviens à les identifier et à les exprimer.

❒ B – Non, car j'ai toujours peur que l'autre me quitte, me trahisse ou me fasse du mal.

❒ C – Non car je ne suis pas du tout à l'aise avec les sentiments et les relations humaines.

❒ D – Pour moi, toutes les relations se terminent en drame.

***Quand vous marchez ensemble dans la rue ?***

❒ A – Je me sens en harmonie.

❒ B – J'ai envie de lui prendre la main car j'ai besoin de me sentir aimé.

❒ C – Je ressens du stress. Je me sens mal à l'aise avec le regard des autres.

❒ D – J'ai envie de l'embrasser passionnément alors que j'avais envie de le/la quitter il y a quelques heures.

***Quand vous êtes avec des amis ?***

❒ A – C'est intéressant de découvrir des aspects de l'autre que je ne voyais pas.

❒ B – J'aime montrer que je suis brillant pour qu'on me désire.

❒ C – Je ne suis pas à l'aise. Je ne sais pas quoi dire et j'ai toujours l'impression de mal me faire comprendre.

❒ D – Je crains que cette soirée ne se termine mal encore une fois.

***Quand vous avez un problème ?***

❒ A – Je parviens à exprimer ce que je ressens et à demander de l'aide.

❒ B – J'ai besoin du soutien, de l'aide et de la présence de l'autre comme preuve d'amour.

❒ C – J'ai du mal à demander de l'aide aux autres. Je compte avant tout sur moi-même.

❒ D – J'aime tout contrôler. L'imprévu me fait paniquer.

***Quand on vous dit « je t'aime ? »***

❒ A – J'accueille avec gratitude et joie chaque « je t'aime » et en retour j'exprime facilement ce que je ressens, peu importe ce que je ressens.

❒ B – Je ne suis pas certain qu'on m'ait déjà dit « je t'aime » ou pas assez. Et si on me dit « je t'aime », je doute toujours de la parole de l'autre et me demande si la personne est vraiment sincère ou si elle cherche à me manipuler.

❏ C – Je ne suis pas à l'aise et réagis plutôt par le silence et l'éloignement, même si j'ai des sentiments pour la personne.

❏ D – Je suis euphorique et l'émotion est tellement forte que ça me fait toujours réagir dans les extrêmes.

***Quand vous dites « je t'aime » ?***

❏ A – Je suis très à l'aise pour exprimer ce que je ressens. Quels que soient les sentiments de la personne, ça me fait plaisir de lui dire que je l'aime car je le pense et le ressens sincèrement.

❏ B – J'attends qu'on me dise « je t'aime » en premier mais si je le dis, je suis toujours dans l'attente et l'angoisse de la réaction de l'autre.

❏ C – C'est la phrase la plus difficile à dire au monde pour moi.

❏ D – J'adore et je hais.

***Quand vous êtes en colère, stressé ou angoissé ?***

❏ A – J'exprime ce que je ressens sans jamais accuser mon partenaire. Je prends la responsabilité de mes ressentis.

❏ B – J'ai besoin que mon partenaire m'aide à m'apaiser et soit là quand je ne vais pas bien. Je doute souvent de moi-même. Je rumine beaucoup et regrette très souvent le lendemain ce que j'ai pu dire ou faire.

❏ C – Je m'isole, j'exprime rarement mes émotions et mes sentiments. Je m'interroge peu sur ce que je ressens ou la cause de ce qui m'arrive. Je me protège en étant seul.

❏ D – Soit je panique, soit je me sens coupé de mon corps et de mes émotions.

***Quand on vous quitte ?***

- ❒ A – Cela peut me faire très mal mais j'ai conscience qu'une relation implique le désir et l'engagement de deux personnes. Et je ne peux obliger personne à m'aimer ou rester avec moi.
- ❒ B – Je reste rarement célibataire. J'ai besoin de tourner rapidement la page et de rencontrer un autre partenaire.
- ❒ C – Je suis mieux seul qu'accompagné.
- ❒ D – En général, je connais une période de forte dépression avec des dépendances. Je n'ai plus goût à rien. La vie perd tout son sens et son intérêt.

Dans le tableau ci-après, reportez le total de vos réponses dans chaque colonne correspondante :

| | **A** | **B** | **C** | **D** |
|---|---|---|---|---|
| *Total :* | | | | |

Et voici le résultat :

A : Apaisé / B : Anxieux / C : Évitant / D : Désorienté.

Le profil anxieux-évitant ne figure pas dans cette liste car il est plus complexe à identifier. Si vous souhaitez approfondir la question de l'attachement, je vous recommande de consulter un psychologue qui vous aidera à aller plus loin.

***Est-ce que vous avez la sensation que vos réactions correspondent au résultat de profil d'attachement ?***

Pas du tout — Un peu — Beaucoup

Les relations amoureuses sont toujours une rencontre entre deux liens d'attachement. Deux personnes se rencontrent et vont vivre un clash d'attachement. Il n'y a pas de modèle de couple parfait en terme de lien d'attachement.

**Le couple anxieux-évitant :** c'est le plus courant. Les profils anxieux et évitant s'attirent mutuellement, c'est plus fort qu'eux, car nous sommes naturellement attirés par ce qui nous manque. La difficulté de ces couples réside dans le fait que l'attitude de chacun va activer les blessures de l'autre. En cas de stress, l'anxieux aura besoin de beaucoup d'attention de la part de l'autre tandis que l'autre aura besoin de prendre ses distances. C'est une boucle infernale mais aussi une formidable opportunité pour chacun de guérir de ses blessures et d'accéder à une relation apaisée.

**Le couple anxieux-anxieux :** le début de la relation est une succession de superlatifs : magique, passionnée, intense. Deux âmes sœurs se rencontrent, chacun a trouvé sa moitié. La sexualité est un élément central de la connexion du couple. Mais après la fusion, la déception. Dès que l'un prend de la distance, soit à cause du travail, soit parce qu'il ne répond pas suffisamment vite à un SMS, la situation devient très angoissante pour l'autre, qui revit ses blessures d'abandon, de rejet et de trahison. Une séparation est alors probable.

**Le couple évitant-évitant :** les deux évitants sont comme deux rails qui ne se rencontrent jamais. Pas de partage de sentiment, pas de paroles intimes. Après la lune de miel, la vie devient fonctionnelle et de moins en moins émotionnelle. Manque de tendresse et de profondeur de la relation, ennui chronique, la sexualité s'assèche rapidement. Une séparation est alors probable.

**En couple avec une personne dont le lien d'attachement est désorganisé :** que ce soit avec une personne dont le lien d'attachement est anxieux ou évitant, la relation est toujours et forcément très compliquée, tumultueuse, violente voire dramatique. Une séparation est alors probable.

**Le couple désorganisé-désorganisé :** le modèle est impossible à vivre de manière apaisée ou durable car il repose sur une relation : rejet-fusion, je t'aime et je te hais. J'ai besoin de toi et je te fuis. La relation est proche de celle du couple anxieux-évitant mais s'exprime dans la violence psychologique, verbale, physique. Une séparation est alors probable.

**En couple avec une personne dont le lien d'attachement est apaisé :** c'est une formidable opportunité de guérison des blessures pour la personne dont le lien d'attachement est de type anxieux ou évitant. Rassuré par l'autre, le lien est de plus en plus sécurisant. La personne dont le profil d'attachement n'est pas apaisé gagne en estime de soi, en confiance, en autonomie, en solidité, en sécurité, en apaisement et en libération intérieure. On accepte de ne pas être parfait. Cette guérison est le terreau d'un amour plus grand et d'une relation plus harmonieuse. La relation devient alors durable.

***Quel profil de lien d'attachement attirez-vous le plus souvent dans une relation amoureuse ?*** (En général, on attire souvent le même profil, mais pas toujours.)

❑ Apaisé ❑ Anxieux

❑ Évitant ❑ Désorienté

*Maintenant que vous avez analysé votre lien d'attachement et celui de vos anciens partenaires, quels enseignements sur vous-même pouvez-vous retenir de toutes vos histoires amoureuses ? Quelles blessures ou croyances cela révèle-t-il sur vous ?*

.................................................................................................................

.................................................................................................................

.................................................................................................................

.................................................................................................................

*Pour guérir de vos blessures d'attachement, comment pourriez-vous voir les choses différemment et réagir autrement ?*

.................................................................................................................

.................................................................................................................

.................................................................................................................

.................................................................................................................

Imaginez à présent que vos liens d'attachement soient totalement guéris : plus de dépendance, plus d'anxiété, plus de fuite, plus de violence, plus de manipulation, plus de poing dans le cœur qui torture, plus de relations toxiques, plus de drames… *Comment serait une relation amoureuse dont les liens d'attachement seraient totalement apaisés ?*

.................................................................................................................

.................................................................................................................

.................................................................................................................

.................................................................................................................

.................................................................................................................

# RUPTURE AMOUREUSE : COMMENT RÉAGISSEZ-VOUS ?

***Généralement, combien de temps dure la lune de miel, cette période au cours de laquelle tout va bien ? Quelques semaines ? Quelques mois ? Ou plus ?***

La rupture amoureuse, c'est un moment d'une intensité de vie rageusement difficile à traverser mais forcément majestueuse et sublime. On est au cœur même de ce qu'est le vivant. Et il faut redonner les lettres de noblesse au chagrin d'amour, car c'est la guérison royale. Chacun repart de son côté de la vie avec en soi les traces de l'autre. Ce n'est pas le manque qui fait mal, mais c'est au contraire la forte présence vivante de l'autre à l'intérieur de soi. En se quittant, c'est comme si des morceaux de l'autre emménageaient en nous. Et cette conquête est douloureuse. Plus on lutte, plus la colonisation fait mal. On ne peut jamais totalement rejeter ce qui s'est passé, ni ce que l'on a vécu, ni ce que l'on a aimé. On peut le faire intellectuellement, mais le mental n'est que la partie visible de l'iceberg. L'autre continue ainsi de germer en nous d'une manière invisible. Et c'est pour ça que la rupture fait mal et qu'elle prend parfois beaucoup de temps à cicatriser. Vous ne pourrez d'ailleurs pas redevenir vous-même, cela est impossible ; il vous faudra créer un nouveau Vous, un mélange entre le vous d'avant cette relation et le Vous.

***Que ressentez-vous habituellement quand une relation amoureuse se termine ?***

..........................................................................................................................

..........................................................................................................................

..........................................................................................................................

..........................................................................................................................

..........................................................................................................................

..........................................................................................................................

..........................................................................................................................

..........................................................................................................................

..........................................................................................................................

..........................................................................................................................

***Avez-vous déjà eu cette sensation que vos relations se terminaient toutes d'une façon semblable ? Quels sont les points communs de vos ruptures amoureuses ?***

..........................................................................................................................

..........................................................................................................................

..........................................................................................................................

..........................................................................................................................

..........................................................................................................................

..........................................................................................................................

..........................................................................................................................

..........................................................................................................................

..........................................................................................................................

*Lorsque vous êtes en relation, avez-vous peur qu'elle se termine ? Pour quelles raisons d'après vous ?*

.................................................................................................

.................................................................................................

.................................................................................................

.................................................................................................

*Quel mot vous vient à l'esprit quand vous pensez à la rupture amoureuse ?*

.................................................................................................

*Avant que la relation ne se termine, avez-vous eu l'intuition au cours de la relation que cela n'allait pas durer ? Quel genre d'alerte intérieure avez-vous déjà ressenti ?*

.................................................................................................

.................................................................................................

.................................................................................................

.................................................................................................

*Avec le recul, en analysant votre sensibilité et vos besoins personnels, qu'est-ce que vous appréciez le moins chez l'autre dans une relation amoureuse ?*

.................................................................................................

.................................................................................................

.................................................................................................

.................................................................................................

.................................................................................................

***Est-ce que ce que ces défauts que vous n'appréciez pas ont été un obstacle majeur ? Ou au contraire, avez-vous le sentiment d'avoir sacrifié totalement vos besoins pour accueillir davantage l'autre et lui faire une place dans votre vie ?***

..............................................................................................................

..............................................................................................................

..............................................................................................................

..............................................................................................................

***Avez-vous la sensation d'être une personne qui recherche l'harmonie et l'équilibre ou au contraire l'intensité et la passion dans une relation amoureuse ? Quel besoin en vous cela vient combler ?***

..............................................................................................................

..............................................................................................................

..............................................................................................................

..............................................................................................................

..............................................................................................................

***Qu'est-ce qui est généralement le plus difficile à vivre pour vous après la rupture ? Quelles émotions ressenties sont les plus douloureuses ?***

..............................................................................................................

..............................................................................................................

..............................................................................................................

..............................................................................................................

..............................................................................................................

***Comment gérez-vous émotionnellement l'après-rupture ? Qu'est-ce que vous mettez en œuvre pour vous remettre ?***

.............................................................................................................

.............................................................................................................

.............................................................................................................

.............................................................................................................

***Est-ce que vous restez habituellement en contact avec vos ex-partenaires d'amour ? Pourquoi ?***

.............................................................................................................

.............................................................................................................

.............................................................................................................

.............................................................................................................

***Après une rupture, souhaitez-vous conserver un lien avec la personne ? Pourquoi ?***

.............................................................................................................

.............................................................................................................

.............................................................................................................

***Combien de temps vous est-il habituellement nécessaire avant de ressentir que vous allez mieux après une rupture ? Et qu'est-ce qui vous permet d'aller beaucoup mieux ?***

.............................................................................................................

.............................................................................................................

.............................................................................................................

.............................................................................................................

# VOTRE FANTASME

Le fantasme est un moteur exceptionnellement puissant dans la vie. Parce que l'on construit des idéaux colorés de désirs, de rêves, le fantasme nous propulse dans des aventures uniques et des expériences de vie qui ne méritent pas nécessairement toutes d'être vécues, mais qui ont toujours la vertu de nous faire explorer des territoires, des sensations, des prises de conscience que l'on ignore. Je vous propose à présent de vous interroger sur vos fantasmes.

***Quelle relation d'amour dans un film ou dans un roman auriez-vous aimé vivre ?***

.......................................................................................................................

.......................................................................................................................

***Si la personne que vous aimez (ou la dernière que vous avez aimée) était le personnage d'une fiction, lequel serait-il ?***

.......................................................................................................................

.......................................................................................................................

***Qu'est-ce qui vous attire chez ce personnage de fiction ?***

.......................................................................................................................

.......................................................................................................................

.......................................................................................................................

.......................................................................................................................

.......................................................................................................................

Le fantasme est un idéal, une représentation imaginaire produite par l'inconscient à des fins qui nous sont propres telles que : échapper à une réalité trop dure à vivre et l'accepter, valoriser l'idée que l'on a de soi. En général, quand on parle de fantasmes, ce qui vient à l'esprit c'est l'imagerie sexuelle. Mais ce que nous allons explorer là, c'est l'idée fantasmée de l'autre et de soi-même, c'est-à-dire toutes les images mentales que vous projetez dans la rencontre amoureuse et la relation.

***Avez-vous déjà été surpris, voire déçu, de découvrir que l'image que vous aviez de l'autre – ce qu'il est, ce qu'il fait ou bien ce qu'il aime – ne correspondait pas à la réalité ? Racontez un exemple.***

..........................................................................................................................

..........................................................................................................................

..........................................................................................................................

..........................................................................................................................

..........................................................................................................................

..........................................................................................................................

..........................................................................................................................

..........................................................................................................................

..........................................................................................................................

..........................................................................................................................

***Au-delà d'une relation amoureuse, avez-vous déjà été déçu par une personne (une amie, un membre de votre famille, un collègue) qui ne correspondait pas à l'image que vous aviez d'elle ?***

❑ Oui ❑ Non

***Avez-vous déjà pris conscience que vous avez mis de côté une partie de la réalité de l'autre qui ne vous arrangeait pas, alors que tous les signes étaient sous vos yeux, que vous auriez pu les voir, que vous auriez dû savoir, voire qu'une partie de vous savait mais n'en a pas tenu compte ? Racontez un exemple.***

..............................................................................................................................

..............................................................................................................................

..............................................................................................................................

..............................................................................................................................

..............................................................................................................................

..............................................................................................................................

..............................................................................................................................

..............................................................................................................................

..............................................................................................................................

..............................................................................................................................

..............................................................................................................................

Les fantasmes sont créateurs de notre vie amoureuse. Ils se créent à partir de nos souvenirs, nos conditionnements (familiaux, sociaux et culturels), nos héritages, nos blessures, nos peurs, nos émotions et même notre biologie, notre ADN. Le fantasme est très excitant mais tout est faux, puisque c'est un film unique qui se joue uniquement pour vous. Et la personne face à nous fonctionne également avec ses propres représentations et ses propres fantasmes amoureux. Si vous comprenez cela, votre vie est déjà en train de changer. Peut-on être heureux en amour sans fantasme ? La réponse est OUI et vous allez comprendre pourquoi.

***Avez-vous déjà eu la sensation de chercher une rencontre amoureuse pendant des jours, des semaines, des mois voire des années sans jamais la trouver jusqu'au jour où vous avez cessé de chercher... ? Racontez.***

..................................................................................................................................

..................................................................................................................................

..................................................................................................................................

..................................................................................................................................

..................................................................................................................................

..................................................................................................................................

..................................................................................................................................

..................................................................................................................................

..................................................................................................................................

..................................................................................................................................

..................................................................................................................................

***Êtes-vous déjà tombé amoureux d'une personne qui était l'opposé ou très éloignée de votre fantasme ?***

❑ Oui ❑ Non

Quand vous cherchez la rencontre amoureuse, vous créez des images intérieures qui correspondent en tous points à votre fantasme (taille, âge, corpulence, diplômes). Mais plus on a de critères de recherche, moins on favorise la rencontre amoureuse car plus on limite les chances de se laisser surprendre par une rencontre. Plus on contente nos représentations intérieures, plus on fait fuir l'amour.

***Dans votre réalité, quel serait le portrait idéal de la personne que vous pourriez aimer (physiquement, mentalement, culturellement, socialement) ? Notez ici tous vos critères de recherche amoureuse.***

........................................................................................................................

........................................................................................................................

........................................................................................................................

........................................................................................................................

........................................................................................................................

........................................................................................................................

........................................................................................................................

........................................................................................................................

........................................................................................................................

........................................................................................................................

........................................................................................................................

........................................................................................................................

........................................................................................................................

........................................................................................................................

........................................................................................................................

........................................................................................................................

........................................................................................................................

........................................................................................................................

........................................................................................................................

........................................................................................................................

**Avez-vous déjà rencontré cette personne idéale ?**

❑ Oui ❑ Non

***Le cas échéant, êtes-vous encore en relation avec cette personne ?***

❑ Oui ❑ Non

***Est-ce que vous vous êtes trompé sur cette personne ?***

❑ Oui ❑ Non

***Avez-vous été déçu par cette personne ?***

❑ Oui ❑ Non

*Reprenez la liste de vos critères de recherche,* ***puis rayez tous les critères inutiles que vous pensez non-essentiels à une relation amoureuse.***

Comme sur les réseaux sociaux, on perçoit sans cesse un fil d'images filtrées, que l'on croît être la réalité. On se laisse attraper par le mirage de nos représentations intérieures. Par exemple, on tombe amoureux d'une beauté que l'on aime, d'un milieu culturel ou social que l'on estime, d'un train de vie auquel on rêve d'accéder. ***Avez-vous déjà ressenti que vous aviez idéalisé ou fantasmé l'autre avant de découvrir une tout autre réalité ?***

❑ Oui ❑ Non

# VOS BESOINS

Poursuivons votre introspection pour identifier petit à petit vos besoins les plus intrinsèques.

***Avez-vous eu la sensation de vous perdre durant une relation ? De perdre des parties de vous-même ? Quelles parties ? Comment est-ce arrivé ?***

........................................................................................................................

........................................................................................................................

........................................................................................................................

........................................................................................................................

***Avez-vous l'impression d'avoir des manques au cours d'une relation ? Quels sont-ils ?***

........................................................................................................................

........................................................................................................................

........................................................................................................................

........................................................................................................................

***Avez-vous peur d'être abandonné au cours de la relation ? Qu'est-ce qui vous fait penser cela ?***

........................................................................................................................

........................................................................................................................

........................................................................................................................

........................................................................................................................

***Avez-vous eu parfois la sensation d'être rejeté par l'autre ? Qu'est-ce qui vous a déjà fait ressentir cela ?***

..........................................................................................................................

..........................................................................................................................

..........................................................................................................................

..........................................................................................................................

..........................................................................................................................

..........................................................................................................................

***Avez-vous déjà souffert de trahison (infidélité, mensonges, manque de respect) ? Quel type de trahison est habituellement inacceptable à vos yeux ?***

..........................................................................................................................

..........................................................................................................................

..........................................................................................................................

..........................................................................................................................

..........................................................................................................................

***Avez-vous déjà eu la sensation d'être humilié, que ce soit par des paroles, des attitudes ou des gestes ? Racontez un exemple dans une relation amoureuse.***

..........................................................................................................................

..........................................................................................................................

..........................................................................................................................

..........................................................................................................................

..........................................................................................................................

***Avez-vous déjà eu la sensation de souffrir d'abus, que l'autre a été injuste envers vous ? De quelle manière ?***

......................................................................................................

......................................................................................................

......................................................................................................

......................................................................................................

......................................................................................................

***Parmi ces cinq émotions douloureuses – la sensation de rejet, d'abandon, d'humiliation, d'abus et trahison –, laquelle fut pour vous la plus douloureuse ? Choisissez-en une qui est particulièrement vive pour vous, douloureuse et indigérable. Puis racontez les événements qui ont déclenché en vous cette blessure.***

......................................................................................................

......................................................................................................

......................................................................................................

......................................................................................................

......................................................................................................

......................................................................................................

***Expliquez ce que vous avez ressenti comme sensations, les pensées déclenchées en vous, et comment vous avez réagi.***

......................................................................................................

......................................................................................................

......................................................................................................

......................................................................................................

......................................................................................................

***Quels types de réactions auriez-vous aimé avoir à la place ?***

..........................................................................................................................................

..........................................................................................................................................

..........................................................................................................................................

..........................................................................................................................................

***Toujours concernant cette émotion la plus douloureuse, l'avez-vous déjà ressentie aussi puissamment à d'autres moments de votre vie ? Par exemple, l'avez-vous déjà ressentie dans votre enfance, en famille ou bien à l'école ? Racontez les faits et comment vous aviez réagi.***

..........................................................................................................................................

..........................................................................................................................................

..........................................................................................................................................

..........................................................................................................................................

***Est-ce que vous considérez aujourd'hui être totalement libéré de cette blessure ou pas vraiment ?***
(1 correspondant à PAS ENCORE PAS GUÉRIE et 10 correspondant à TOTALEMENT GUÉRIE.)

1 2 3 4 5 6 7 8 9 10

***Êtes-vous convaincu par votre réponse précédente ?***
(1 correspondant à PAS DU TOUT et 10 correspondant à TOUT À FAIT CERTAIN.)

1 2 3 4 5 6 7 8 9 10

***Serait-ce possible que cette blessure passée puisse encore agir en vous, inconsciemment, notamment dans vos relations amoureuses ?*** (1 correspondant à NON, et 10 correspondant à OUI, CETTE BLESSURE CONTINUE D'AGIR DANS MES RELATIONS AMOUREUSES.)

1 2 3 4 5 6 7 8 9 10

***Avez-vous ressenti des manques, de la frustration, des sensations de vide au cours de vos relations amoureuses ? Quels sont les sources ou les déclencheurs ?***

...........................................................................................................

...........................................................................................................

...........................................................................................................

...........................................................................................................

...........................................................................................................

...........................................................................................................

***Avez-vous ressenti déjà ressenti ce manque ou cette frustration à d'autres moments de votre vie ? Racontez un exemple.***

...........................................................................................................

...........................................................................................................

...........................................................................................................

...........................................................................................................

...........................................................................................................

...........................................................................................................

...........................................................................................................

***Avez-vous ressenti de l'angoisse au cours de vos relations amoureuses ? Quel genre d'angoisse ?*** Ce peut être l'angoisse de perdre l'autre ou bien une forme de tension dans la communication ou dans la présence à l'autre.

.............................................................................................................................

.............................................................................................................................

.............................................................................................................................

.............................................................................................................................

.............................................................................................................................

.............................................................................................................................

.............................................................................................................................

.............................................................................................................................

.............................................................................................................................

***Avez-vous déjà ressenti cette angoisse à d'autres occasions dans votre vie ? Racontez un exemple.***

.............................................................................................................................

.............................................................................................................................

.............................................................................................................................

.............................................................................................................................

.............................................................................................................................

.............................................................................................................................

.............................................................................................................................

.............................................................................................................................

.............................................................................................................................

.............................................................................................................................

***Quels sont vos besoins les plus profonds dans une relation amoureuse ?*** Il peut s'agir d'un besoin d'être sécurisé, d'être protégé, d'honnêteté, de vérité, d'être comblé, de tendresse, de réconfort... ***Quels sont vos besoins ?***

...................................................................................................................

...................................................................................................................

...................................................................................................................

...................................................................................................................

...................................................................................................................

...................................................................................................................

...................................................................................................................

...................................................................................................................

***Vous l'avez déjà compris. Toutes vos réponses reflètent d'une manière ou d'une autre votre relation à l'amour à cet instant même. N'imaginez pas cela comme étant immuable, car le propre de l'amour, c'est...*** (à vous de terminer la phrase !)

...................................................................................................................

...................................................................................................................

...................................................................................................................

...................................................................................................................

...................................................................................................................

...................................................................................................................

...................................................................................................................

...................................................................................................................

...................................................................................................................

Partie 3

# CHANGER POUR TROUVER LA PERSONNE QU'IL VOUS FAUT

Comment rencontrer la bonne personne ? Et comment savoir si la personne que vous avez rencontrée est la bonne pour vous ? Ce sont des questions qu'absolument tout le monde se pose à chaque rencontre. Pour y répondre, il convient de décortiquer tout ce que vous projetez derrière ces problématiques. Et avant de définir ce qu'est LA bonne rencontre amoureuse pour vous, il convient d'éclaircir tout ce qui vous empêche de la vivre.

***Désirez-vous vraiment, consciemment et intentionnellement, vivre une relation qui soit parfaite pour vous ?***

❑ Oui ❑ Non

Vous avez probablement répondu OUI à cette question. Mais pourquoi est-ce si difficile de la vivre ? Aujourd'hui, il existe un choix infini de potentialités amoureuses : rencontres, relations romantiques et sexuelles, avec une forte pression des attentes individuelles et sociales. Non seulement, on souhaite que les relations amoureuses soient durables mais on veut en plus qu'elles soient sources d'épanouissement personnel. On a besoin de confiance et de liberté. Ce n'est pas antinomique, mais comment vivre cela ? La recette est simple mais pas facile : en étant sur la même longueur d'onde, en ne trichant pas l'un avec l'autre et en acceptant sans enjeux émotionnels, intellectuels ou moraux nos imperfections.

Pour mieux comprendre comment inconsciemment vous choisissez vos partenaires, voici une série de questions concernant vos liens lorsque vous étiez enfant.

***Vous sentez-vous digne d'être aimé par les personnes que vous rencontrez ? Vous sentez-vous à la hauteur ?***

❑ Oui ❑ Non

***Était-ce le cas enfant ?***

❑ Oui ❑ Non

***Vous sentez-vous autorisé à être différent, ou à exprimer votre singularité librement en amour ?***

❑ Oui ❑ Non

***Était-ce le cas enfant ?***

❑ Oui ❑ Non

***Est-ce que l'amour se présente à vous sous la forme de…***

❑ Soumission ❑ Domination ❑ Tendresse ❑ Culpabilité

***Était-ce le cas enfant ?***

❑ Oui ❑ Non

***Vous sentez-vous autorisé à vous éloigner de votre partenaire sans avoir peur de perdre son amour, d'être quitté, de le blesser, de vous faire du mal ?***

❑ Oui ❑ Non

***Était-ce le cas enfant ?***

❑ Oui ❑ Non

Le regard posé sur vous par vos parents est fondamental dans la construction de votre identité, dans la rencontre et la relation amoureuse. En vous étiquetant comme beau, intelligent, timide, méchant, poli, gentil, rebelle, turbulent, hypersensible ou encore atypique, les parents puis l'entourage proche vous enferment dans une première identité que vous intégrez d'une manière ou une autre.

***Est-ce que vous avez déçu vos parents ? Est-ce que vous avez eu la sensation d'être insatisfaisant et de ne pas être à la hauteur de leurs attentes ?***

❑ Oui ❑ Non

Le cas échéant, vous chercherez sûrement à satisfaire en priorité les attentes de votre partenaire quitte à sacrifier vos propres besoins.

***Est-ce que vos deux parents vous ont perçu comme gênant, insignifiant, pas très important à leurs yeux ?***

❑ Oui ❑ Non

Le cas échéant, vous chercherez tout particulièrement à plaire et à séduire, et rechercherez dans la relation amoureuse une forme de légitimité et de reconnaissance dans le regard de votre partenaire.

***Est-ce que vos deux parents vous ont aimé d'une manière correcte, juste, suffisante ?***

❑ Oui ❑ Non

Dans le cas contraire, vous aurez une tendance à vous laisser abuser et maltraiter dans les relations amoureuses.

Et puis, plus tard encore, à l'adolescence et une fois devenu jeune adulte, on va choisir un mode de relation amoureuse en fonction à ce que l'on connaît : le modèle de nos parents. On le copie, on le rejette ou on le nuance. Si le scénario de couple de nos parents nous convient, on l'imite. Si ce scénario ne nous convient pas, on cherchera à le transformer ou à vivre son opposé en espérant qu'il nous corresponde davantage et qu'il nous rende plus heureux.

***Quel regard portez-vous sur le modèle de couple de vos parents ?*** Entourez les réponses qui vous semblent justes.

| | | |
|---|---|---|
| Parfait | Loin d'être parfait | Équilibré |
| Toxique | Classique | Patriarcal |
| Moderne | Inspirant | Conflictuel |
| Déséquilibré | Paisible | Harmonieux |
| Solidaire | Amoureux | Passionnel |
| Violent | Créatif | Joyeux |
| Pervers | Égalitaire | Tendre |
| Affectueux | Ouvert | Exclusif |
| Non exclusif | Malheureux | Chaotique |
| Complémentaire | Vieux jeu | Monogame |
| Polyamoureux | Traditionnel | Atypique |
| Fermé | Communicatif | Spirituel |
| Profond | Banal | Ennuyant |
| Prévisible | Spontané | Religieux |
| Monoparental | Communautaire | Frustré |
| Épanoui | Sensible | Silencieux |
| Fusion | Libre | Honnête |
| Drôle | Domination/ Soumission | Abus |

***Pouvez-vous décrire ce que vous aimiez et ce que vous n'aimiez pas dans le couple que formaient vos parents ?***

| **Ce que j'aimais** | **Ce que je n'aimais pas** |
| --- | --- |
| ........................................ | ........................................ |
| ........................................ | ........................................ |
| ........................................ | ........................................ |
| ........................................ | ........................................ |
| ........................................ | ........................................ |

***Par rapport au modèle que vous avez observé chez vos parents, ce que vous avez aimé ou moins aimé, notez les cinq choses qui vous paraissent essentielles en amour par rapport à votre propre modèle de couple.***

1. ..............................................................................
2. ..............................................................................
3. ..............................................................................
4. ..............................................................................
5. ..............................................................................

Vous avez à présent conscience de vos besoins fondamentaux et ce qui demeure important pour vous dans votre modèle de couple. Vous êtes prêt à présent pour vivre le bon *match*, la bonne rencontre avec la bonne personne !

Le bon *match*, c'est :

— l'attirance mutuelle au bon moment,

— en étant soi et en accueillant l'autre tel qu'il est,

— en sachant exprimer ses besoins tout en prenant en compte ceux de l'autre.

**Tomber amoureux, c'est une ouverture profonde sur l'intemporel, l'infini et l'invisible.** Le problème, c'est que cette ouverture est temporaire, la porte finit toujours par se refermer. Alors que faire de cette ouverture du cœur ? Comment l'entretenir, la faire grandir et la faire durer ? Mais avant de répondre à ces questions, il faut d'abord prendre conscience des étapes de la voie de l'amoureux. Elles sont aussi anciennes que le chemin de l'amour, même si on a toujours l'impression d'une nouvelle naissance quand on tombe amoureux. Les quatre étapes du bon *match*, avec la bonne personne, au bon moment :

- vivre l'attirance mutuelle,
- ressentir l'enthousiasme,
- donner le meilleur de soi,
- s'épanouir sexuellement.

Au-delà de votre passé amoureux, que vous soyez en couple ou non, et au-delà de votre modèle de couple en place, répondez aux questions suivantes.

***Par quoi chez l'autre aimeriez-vous être attiré à présent ? Par quelle qualité ?***

.....................................................................................................................

***Quelle intensité d'enthousiasme, de joie ou de passion souhaiteriez-vous vivre à présent ?***

.....................................................................................................................

***Quel est le meilleur de vous-même que vous désireriez à présent partager ? Quelle qualité ? Quelle partie de vous-même ?***

.....................................................................................................................

***Quel plaisir ou quelle aventure sexuelle souhaiteriez-vous vivre ou découvrir à présent ?***

.....................................................................................................................

# L'ATTIRANCE

L'attirance est une force qui attire vers quelque chose. Elle dépend de notre capacité à rencontrer quelqu'un *et* de la capacité d'un autre à nous rencontrer. Et c'est souvent là que les premières difficultés commencent. Grâce au Web, la réserve de candidats amoureux semble infinie. Aujourd'hui, techniquement, nous pouvons rencontrer chaque habitant de la planète. Dans les faits, l'attirance est devenue une quête inassouvie et insatiable pour de plus en plus de personnes, qui connaissent de longues périodes de célibat. Cette liberté supposée est aussi source d'angoisse. Trop de choix produit du stress. *Est-ce le bon choix ? Comment être certain qu'il n'y a pas quelque part quelqu'un de mieux pour moi ?* Vous seul pouvez décider. Mais n'oubliez pas une chose : les algorithmes qui guident les recherches ne sont pas programmés pour que vous tombiez amoureux, juste pour que les rencontres aient lieu. Et pour s'attirer, il faut se rencontrer. Si vous êtes célibataire, rencontrez physiquement le maximum de personnes. Par exemple, chaque lundi soir, dînez avec une nouvelle personne rencontrée sur les réseaux sociaux, juste pour faire connaissance. L'attirance est un processus physique, organique, émotionnel et de l'esprit. Inscrivez-vous à des ateliers, des stages, des formations, des clubs, des sorties entre inconnus. Ne restez pas coincé dans votre bulle connectée au monde extérieur par les nouvelles technologies.

**L'attirance commence quand une personne choisit (sans en avoir conscience) de tomber sous le charme d'une autre personne.** Précédemment, vous avez analysé ce qui agissait en vous, consciemment ou non, pour vous faire désirer telle personne plutôt qu'une autre. Nous avons vu également comment reprogrammer vos désirs pour que la relation amoureuse soit épanouissante et durable. Mais deux autres obstacles empêchent le pouvoir de l'attraction d'agir : les représentations idéales de ce à quoi l'amour doit ressembler et la crainte de ne pas plaire. D'un côté, on cherche le meilleur pour soi, de l'autre on ne pense pas le mériter. Cet antagonisme empêche l'attirance. Ces deux motivations, le fantasme et la peur, conduisent à l'échec amoureux. Quelles solutions ?

Désolé, mais le couple parfait n'existe pas. La femme idéale et le prince charmant sont des fantasmes, c'est-à-dire des archétypes imaginaires. Inévitablement, tôt ou tard, vous serez déçu ET/OU frustré (dans le meilleur des scénarios). Bien entendu, vous pensez que vous le savez déjà, n'est-ce pas ?

***Alors, êtes-vous prêt à abandonner la quête de l'amour idéal et celle du couple parfait ?***

❑ Oui ❑ Non

Par quoi le remplacer ? Je vous propose une piste : *être sur la même longueur d'onde, avoir des atomes crochus, bien s'entendre pour se laisser attirer.* En d'autres termes, soyez amis avant d'espérer l'amour.

***Notez cinq qualités que vous recherchez chez vos amis :***

1. ..............................................................................
2. ..............................................................................
3. ..............................................................................
4. ..............................................................................
5. ..............................................................................

Si vous pensez que c'est en étant séduisant que vous parviendrez à séduire, vous vous trompez. Le besoin de séduire cache très mal l'angoisse de ne pas plaire. La peur de ne pas être suffisamment bien pour mériter l'amour, la peur de laisser passer sa chance et la peur de ne jamais parvenir à être aimé conduisent souvent à l'échec amoureux. Mais vous ne parviendrez jamais à séduire personne en voulant être séduisant, car rien n'est moins attirant que la peur. Il ne s'agit pas forcément d'y renoncer, mais de prendre conscience de tout ce qui entrave l'amour.

***Quelles sont vos armes de séduction massives ? Qu'est-ce que vous transformez en vous, mettez en valeur pour séduire ? (Au niveau physique, intellectuel, social, financier, beauté, charme, goût, manière de vivre) Pour quelles raisons ?***

| | **Pourquoi ?** |
|---|---|
| 1. .................................................. | .................................................. |
| 2. .................................................. | .................................................. |
| 3. .................................................. | .................................................. |
| 4. .................................................. | .................................................. |
| 5. .................................................. | .................................................. |

***Et, au contraire, qu'est-ce que vous « cachez » ou minimisez pour séduire ? Et pour quelles raisons ?***

| | **Pourquoi ?** |
|---|---|
| 1. .................................................. | .................................................. |
| 2. .................................................. | .................................................. |
| 3. .................................................. | .................................................. |
| 4. .................................................. | .................................................. |
| 5. .................................................. | .................................................. |

Si, parmi les raisons, figure *la peur qu'on voit trop ceci en vous ou qu'on ne voit pas assez cela,* il est temps de s'en débarrasser en changeant votre intention : ne cherchez plus à vous masquer ou à vous embellir pour séduire les autres, faites-le uniquement pour vous-même, parce que ça vous fait plaisir et que ça vous fait du bien.

Ensuite, l'autre façon de devenir vraiment attirant, c'est d'être vous-même. Comment est-on vraiment soi-même ? En acceptant et en assumant ses points faibles autant que ses forces. En d'autres termes, **l'acceptation de vos points faibles vous rendra séduisant**. Les points faibles ne sont pas que physiques, ils peuvent être culturels, sociaux, financiers ou des actions passées que vous regrettez.

***Quels sont vos points faibles, ceux dont vous avez un peu honte, que vous n'aimez pas beaucoup ou que vous souhaiteriez différents ?***

1. ..........................................................................................................
2. ..........................................................................................................
3. ..........................................................................................................
4. ..........................................................................................................
5. ..........................................................................................................

En acceptant vos forces et vos faiblesses, vous ne serez pas parfait, mais vous serez *whole*, autrement dit, vous serez « un, entier, complet... » L'authentique pouvoir de séduction est intérieur. Dans l'exercice suivant, je vous propose de le développer en acceptant vos ambiguïtés.

***Qu'est-ce qui fait obstacle selon vous à votre pouvoir de séduction ? Notez une de vos caractéristiques physiques que vous pensez indésirable.*** Peu importe ce qui vous vient en premier, par exemple : *Je suis trop grosse* ou *j'ai un nez trop grand, un sexe trop petit, des cheveux blancs...*

..........................................................................................................................

..........................................................................................................................

➪ ***Écrivez ensuite ce qui nuance ou remet en question ce que vous venez de marquer.*** Par exemple : *Je ne suis pas si gros que ça* ou *Je ne suis pas gros, j'ai juste quelques kilos en trop* ou *Le fait d'être enrobé me donne un joli visage sans rides* ou *On peut tout à fait avoir de l'embonpoint et être désirable...*

..........................................................................................................................

..........................................................................................................................

..........................................................................................................................

***Notez une de vos caractéristiques psychologiques que vous pensez indésirable.*** Par exemple : *Je suis égoïste, Je suis anxieux, J'ai peur de ne pas être à la hauteur...*

..........................................................................................................................

..........................................................................................................................

➪ ***Écrivez ensuite ce qui nuance ou remet en question ce que vous venez de marquer.*** Par exemple : *Je ne suis pas égoïste tout le temps...*

..........................................................................................................................

..........................................................................................................................

..........................................................................................................................

***Écrivez une autre caractéristique indésirable mais, cette fois-ci, choisissez-en une qu'on vous a dite ou reprochée.*** Par exemple : *Tu n'es pas assez disponible* ou *Tu es toujours en colère...*

.......................................................................................................................

.......................................................................................................................

.......................................................................................................................

➪ ***Écrivez ensuite ce qui nuance ou remet en question ce que vous venez de marquer.*** Par exemple : *Quand je suis disponible, je suis vraiment là pour l'autre...*

.......................................................................................................................

.......................................................................................................................

.......................................................................................................................

***Écrivez une autre caractéristique indésirable mais, cette fois-ci, que vous avez perçue chez quelqu'un d'autre. Ce peut être votre partenaire actuel ou passé ou bien un ami.*** Par exemple : *Il est radin* ou *Elle n'est jamais ponctuelle...*

.......................................................................................................................

.......................................................................................................................

.......................................................................................................................

➪ ***Écrivez ensuite ce qui nuance ou remet en question ce que vous venez de marquer.*** Par exemple : *Il est généreux en donnant de son temps* ou bien *Elle n'est pas toujours en retard...*

.......................................................................................................................

.......................................................................................................................

.......................................................................................................................

Vous pouvez ainsi poursuivre cette nuance de tous vos défauts indésirables avant de continuer avec vos qualités.

***Qu'est-ce que vous avez de plus attirant ? Notez une caractéristique physique.*** Par exemple : *J'ai de beaux yeux...*

.................................................................................................................................

.................................................................................................................................

.................................................................................................................................

➪ ***Dans quelle mesure l'inverse n'est-il pas tout aussi vrai ?*** Par exemple : *Je n'ai pas de beaux yeux quand je suis fatigué ou en colère...*

.................................................................................................................................

.................................................................................................................................

.................................................................................................................................

***Qu'est-ce que vous avez de plus attirant ? Notez cette fois une caractéristique psychologique.*** Par exemple : *J'aime partager...*

.................................................................................................................................

.................................................................................................................................

.................................................................................................................................

➪ ***Dans quelle mesure l'inverse n'est-il pas tout aussi vrai ?*** Par exemple : *Il y a des choses que je refuse de partager...*

.................................................................................................................................

.................................................................................................................................

.................................................................................................................................

.................................................................................................................................

***Cette fois, notez un compliment à votre égard.*** Par exemple : *Tu es belle...*

..............................................................................................................

..............................................................................................................

..............................................................................................................

..............................................................................................................

➪ ***Notez la nuance ou la remise en question de cette qualité.*** Par exemple : *Je ne suis pas belle quand je me mets en colère...*

..............................................................................................................

..............................................................................................................

..............................................................................................................

..............................................................................................................

..............................................................................................................

..............................................................................................................

***Cet exercice vous fait tendre vers des vérités profondes.***

Vous êtes un être humain comme toutes les personnes que vous avez rencontrées.

Tous les traits positifs et négatifs de votre personnalité sont relativisables.

Vous êtes un tout indivisible, avec vos qualités et vos défauts.

Accepter vos points faibles, dont vous avez fait la liste précédemment, vous rendra séduisant.

Accepter vos faiblesses et vos défauts, c'est accepter tout de vous-même. L'acceptation, c'est de l'amour et c'est la véritable signification de cet adage : « Aimer soi-même pour aimer les autres. »

Tous vos comportements ne sont jamais exempts de tout reproche.

Il est humain d'être à la fois bon et mauvais.

Les gens qui vous aiment vraiment ne seront jamais choqués de vous voir dans vos pires moments.

Vous ne serez jamais parfait et il est très fatigant de prétendre l'être.

La moralité est un code que vous avez le droit de ne pas suivre.

Accepter vos pulsions et leur donner libre cours peut aussi être une source d'expériences et d'enseignements.

Vous avez le droit de ne pas plaire. Plus vous chercherez à plaire et moins vous serez désirable.

Acceptez que la pire chose dite à votre propos puisse contenir une part de vérité.

Acceptez vos contradictions, vos ambiguïtés et vos ambivalences, car elles sont la vie même. La plus grande de nos contradictions c'est que nous soyons à la fois chair et esprit.

Être désirable, c'est accepter ses contradictions inavouables.

# VIVRE L'ENTHOUSIASME

L'attirance invite l'enthousiasme. Ce mot vient du grec *enthousiasmós*, qui signifie « Inspiration divine » ou « possession divine ». Quand on est amoureusement attiré, l'enthousiasme peut soulever des montagnes car il vient rompre le continuum des frustrations quotidiennes. À un niveau plus profond, être attiré par quelqu'un revient à le voir comme un être divin que l'on peut adorer. Cet état de fusion donne un caractère presque mystique à la passion amoureuse : l'attirance devient une ivresse amoureuse et sacrée.

Il peut arriver parfois que l'attirance et l'enthousiasme ne soient pas partagés de manière identique. Mais dans tous les cas, elle est une expérience qui transcende. C'est un changement de perception et d'état qui nous permet de voir au-delà. Au-delà de quoi ? Au-delà de vous-même, au-delà de vos cinq sens, au-delà de l'autre, au-delà du monde matériel, au-delà de vos croyances, au-delà de vos certitudes, au-delà de la normalité quotidienne de votre vie. Cet état extraordinaire, qui vient briser ce qui est ordinaire, peut aussi faire peur.

Dans l'exercice suivant, je vous invite à apprivoiser cet état afin de le favoriser de façon très naturelle et d'en percevoir, sans crainte, toute sa puissance. Répondez aux questions suivantes et, si vous avez déjà ressenti ces expériences, racontez à quelle occasion et ce que vous avez ressenti.

***En traversant un moment difficile de votre vie, un danger ou une crise, avez-vous eu soudainement la sensation d'être protégé ou guidé ?*** Par exemple, par une présence aimante au moment où vous en aviez le plus besoin...

❑ Oui ❑ Non

***Le cas échéant, à quelle occasion et qu'avez-vous ressenti ?***

.............................................................................................................

.............................................................................................................

.............................................................................................................

.............................................................................................................

.............................................................................................................

.............................................................................................................

***Avez-vous déjà fait l'expérience d'une extase (hors du champ sexuel) ?*** Par exemple, en vous couchant le soir, en pratiquant le yoga ou la méditation...

❑ Oui ❑ Non

***Le cas échéant, que s'est-il passé et qu'avez-vous ressenti ?***

.............................................................................................................

.............................................................................................................

.............................................................................................................

.............................................................................................................

.............................................................................................................

.............................................................................................................

***Avez-vous déjà fait l'expérience d'un lâcher-prise total face à une situation que vous ne pouviez ni contrôler ni changer ?*** Par exemple, face à une mauvaise nouvelle, un problème au travail ou une rupture amoureuse ?

❑ Oui ❑ Non

***Le cas échéant, que s'est-il passé et qu'avez-vous ressenti ?***

..........................................................................................

..........................................................................................

..........................................................................................

..........................................................................................

..........................................................................................

..........................................................................................

***Avez-vous déjà ressenti un état de communion avec la nature ?*** Par exemple, devant un coucher de soleil, en nageant nu, en marchant en forêt...

❑ Oui ❑ Non

***Le cas échéant, que s'est-il passé et qu'avez-vous ressenti ?***

..........................................................................................

..........................................................................................

..........................................................................................

..........................................................................................

..........................................................................................

..........................................................................................

***Lors de la disparition d'un être cher, avez-vous ressenti une paix intérieure profonde au-delà de votre chagrin ?***

❑ Oui ❑ Non

***Le cas échéant, que s'est-il passé et qu'avez-vous ressenti ?***

.....................................................................................................................

.....................................................................................................................

.....................................................................................................................

.....................................................................................................................

.....................................................................................................................

.....................................................................................................................

.....................................................................................................................

***Avez-vous déjà ressenti une confiance absolue en la vie ?*** Par exemple, ne plus avoir peur de rien, ne plus se poser de questions...

❑ Oui ❑ Non

***Le cas échéant, à quelle occasion et qu'avez-vous ressenti ?***

.....................................................................................................................

.....................................................................................................................

.....................................................................................................................

.....................................................................................................................

.....................................................................................................................

.....................................................................................................................

.....................................................................................................................

***Avez-vous déjà observé la sensation d'être relié à tout et d'appartenir à un tout ?*** À la fois aux autres, à la nature, à la vie, aux événements, à l'univers, au temps, à l'espace...

❑ Oui ❑ Non

***Le cas échéant, à quelle occasion et qu'avez-vous ressenti ?***

..................................................................................................................

..................................................................................................................

..................................................................................................................

..................................................................................................................

..................................................................................................................

..................................................................................................................

***Avez-vous déjà été saisi d'émerveillement face à la magie de la vie ?*** Par exemple, à l'occasion d'une naissance, face à la nature, à la beauté d'un animal, au hasard d'un événement surréaliste qui vous est arrivé.

❑ Oui ❑ Non

***Le cas échéant, à quelle occasion et qu'avez-vous ressenti ?***

..................................................................................................................

..................................................................................................................

..................................................................................................................

..................................................................................................................

..................................................................................................................

..................................................................................................................

..................................................................................................................

***Avez-vous déjà senti votre esprit s'élargir au-delà des limites de votre corps ?*** Par exemple, à l'occasion d'une beauté naturelle stupéfiante, un coucher de soleil, un moment de détente profonde en harmonie avec la vie...

❑ Oui ❑ Non

***Le cas échéant, à quelle occasion et qu'avez-vous ressenti ?***

........................................................................................................

........................................................................................................

........................................................................................................

........................................................................................................

........................................................................................................

........................................................................................................

***Avez-vous déjà vécu un événement surnaturel qui défie la raison ?*** Par exemple, voir une aura, vivre une série de coïncidences troublantes, avoir une révélation de grande nature, connaître une guérison stupéfiante...

❑ Oui ❑ Non

***Le cas échéant, à quelle occasion et qu'avez-vous ressenti ?***

........................................................................................................

........................................................................................................

........................................................................................................

........................................................................................................

........................................................................................................

........................................................................................................

À présent, parmi toutes les questions ci-dessus, choisissez celle qui a résonné le plus en vous. Fermez les yeux et cherchez à revivre la situation, immergez-vous à travers tous vos sens dans le contexte et laissez tous les détails faire écho en vous. Et tout en observant les sensations qui vous traversent, posez une question à votre esprit : ***Pourquoi avez-vous vécu cela ? Quel est le sens de ce qui vous est arrivé ?***

Est-ce que ce message correspond à l'un de ces messages : « Je t'aime » « Je suis vivant » « Je suis en Paix » « Je suis la lumière » « Tout est Un » « J'aime et je suis aimé » « Tout est parfait » La simplicité des messages de votre esprit tient au fait qu'ils sont de nature authentique et éternelle. Ils correspondent à votre être le plus profond et à votre désir le plus enfoui.

**En vous posant régulièrement ces questions, vous avancerez sur le chemin vers l'amour et la libération.** Faites-en l'expérience le plus possible, par exemple chaque soir en vous couchant, demandez à votre esprit de vous révéler la signification d'une situation vécue au cours de votre journée.

# DONNER ET RECEVOIR

L'attirance et l'enthousiasme naissant, vous entrez ensuite dans la phase la plus fragile, celle où on se révèle à l'autre par l'échange et le partage : se dévoiler, se donner à l'autre et recevoir l'autre en soi.

Se donner et recevoir, c'est s'ouvrir mutuellement *cœurs et âmes* tout en explorant chaque moment de la vie. C'est exprimer toutes les parties de soi, non seulement dans un souci de vérité, mais pour découvrir les parties de soi révélées par l'autre et que l'on ignore. Plus on se donne et plus on se partage. Sans honte ni tabou, en exprimant votre intériorité la plus profonde et en étant le plus sincère possible dans vos perceptions, vos pensées, vos émotions, votre attitude et vos désirs, vous gagnerez un temps précieux dans toutes vos relations. Vous vous sentirez beaucoup plus vivant, vous attirerez à vous la puissance de la vie à travers la magie des coïncidences et, ultimement, vous vivrez l'amour dans toute sa grandeur et dans toutes ses multiples potentialités.

Mais le problème majeur, c'est que c'est au cours de cette étape que la plupart des relations échouent. Pour quelles raisons ? La séduction, les attentes et les projections.

## La séduction

Nous avons vu précédemment que c'est en évitant d'entrer dans les schémas de la séduction que vous serez le plus séduisant. Mais nous avons vu que, prisonniers de leurs peurs et de leurs ambivalences, la plupart des personnes ne font, pour séduire, que *masquer* des parties d'elles-mêmes, perçues comme indésirables ou non-aimables. Venant du latin, le mot « séduire » signifie d'ailleurs : « corruption » ou « détourné du droit chemin ».

Pour retrouver le bon chemin, je vous propose d'explorer une nouvelle définition de la séduction : et si, séduire, c'était simplement se donner et recevoir ? Nous sommes peu de chose dans l'infini de l'univers, mais nous ne sommes pas interchangeables. Tout le monde est remplaçable dans son travail, mais personne ne l'est humainement. Et puisque nous sommes peu de chose, et puisque vous pensez peut-être encore que des parties de vous ne sont pas désirables, amusez-vous à les montrer, à les exprimer, à les partager. Plus nous serons nombreux à faire cela – ce qui est à contre-courant total des injonctions de notre époque, et plus les relations humaines s'enrichiront. Nous apprendrons à nous connaître, à nous accepter et, j'en suis certain, à nous aimer plus profondément.

***Avez-vous la sensation d'être pleinement vous-même à chaque seconde votre vie ?*** (1 correspondant à PAS DU TOUT et 10 correspondant à TOTALEMENT.)

---

1 2 3 4 5 6 7 8 9 10

***Si vous avez répondu 9 ou moins, qu'est-ce qui vous empêche d'être vous-même ?*** Pression familiale ou sociale ? Un manque de confiance ou de courage ? La peur qu'on ne vous aime plus ?

........................................................................................................................

........................................................................................................................

........................................................................................................................

........................................................................................................................

***Qui seriez-vous si vous vous autorisiez à sortir des carcans qui vous contraignent ? Que feriez-vous ? Qui aimeriez-vous ? Que vivriez-vous ?***

.....................................................................................................

.....................................................................................................

.....................................................................................................

.....................................................................................................

## Les attentes

Les attentes ne sont pas tout à fait identiques aux besoins dans le sens où il est tout à fait possible de vivre bien sans que les attentes ne soient satisfaites. Le besoin est davantage enraciné. Il y a les besoins du corps, les besoins affectifs, les besoins plus profonds et plus subtils comme la beauté, l'amour, l'émerveillement et la spiritualité. Alors que les attentes appartiennent à l'imaginaire et sont des désirs de l'ego, les besoins sont des marqueurs de notre personnalité.

Au cours de cette période où chacun se donne et reçoit, des doutes apparaissent. Se posent les questions de l'engagement, de la poursuite de la relation et celle de la compatibilité. La relation peut vite s'interrompre quand l'un ou l'autre a l'impression que ses attentes ne sont pas comblées et ne sauraient l'être.

Prenez cette phrase universelle : « je t'aime » Quand on dit « je t'aime » en réalité s'exprime très souvent autre chose derrière qui est rarement formulé : « je t'aime si... » « je t'aime quand... » « je t'aime parce que tu combles mes attentes... » « Je t'aime » comporte bien souvent des conditions implicites, inconscientes ou non-exprimées. Étonnamment, ces trois mots d'amour, *je t'aime*, parlent le plus souvent d'autre chose que d'amour et de don à l'autre.

***Que pensez-vous quand vous dites « je t'aime » ? Avez-vous des attentes ? Attendez-vous ne serait-ce qu'une réponse ?***

..................................................................................................................

..................................................................................................................

..................................................................................................................

..................................................................................................................

..................................................................................................................

***À côté de chaque mot de cette liste, notez le nom d'une personne (réelle ou imaginaire) qui vous vient à l'esprit.***
(Vous pouvez mettre le même nom plusieurs fois.)

| | |
|---|---|
| MAGNIFIQUE | |
| TENDRE | |
| INSPIRANT | |
| INTELLIGENT | |
| DÉSIRABLE | |
| IDÉAL | |
| SEXY | |
| GENTIL | |

| | |
|---|---|
| COURAGEUX | |
| UNIQUE EN SON GENRE | |
| GÉNIAL | |
| DRÔLE | |
| ÉLÉGANT | |
| GÉNÉREUX | |
| MAGIQUE | |
| LOYAL | |
| PROTECTEUR | |
| CRÉATIF | |
| HEUREUX | |
| SEREIN | |

Observez maintenant vos réponses et comptez celles qui sont :

- — des personnes réelles que vous connaissez ou que vous avez connues ;
- — des personnes réelles mais que vous n'avez jamais rencontrées, que vous ne connaissez pas intimement (comme des acteurs) ;
- — des êtres imaginaires, des personnages de fiction, des archétypes.

➪ *Si vous avez inscrit plus de dix noms de personnes imaginaires, des personnages de fiction ou de personnes réelles mais que vous n'avez jamais rencontrées, les questions à vous poser sont :* **est-ce que l'imagination tient une place importante dans votre vie et votre relation à l'amour ? Ne voyez-vous pas l'être aimé comme une personne inaccessible mais que vous désirez ardemment ? Est-ce que les qualités extérieures de l'être aimé comptent plus pour vous que les qualités intérieures ? Est-ce que vous vous trouvez désirable et aimable ou au contraire n'avez-vous pas l'impression de vous trouver banal, ennuyeux, pas très fascinant, ni franchement désirable ? Êtes-vous davantage dans l'imaginaire que la réalité ?**

➪ *Si plus d'une dizaine de vos réponses concernent vos histoires d'amour passées, vos ex-partenaires, les questions à vous poser sont :* **avez-vous la sensation d'être guéri de vos relations passées ? Est-ce que vous idéalisez l'amour et la relation amoureuse ? Qu'est-ce qui vous faudrait pour tourner la page ? Comment pourriez-vous transformer ces anciennes histoires d'amour en opportunité d'être heureux ? Êtes-vous plus dans le regret d'histoires passées que dans la joie d'avoir vécu cela et la victoire d'avoir survécu aux différentes séparations ?**

➪ *Si vous avez inscrit plus de neuf noms de personnes réelles mais que vous n'avez jamais rencontrées, les questions à vous poser sont les suivantes :* **n'avez-vous pas la sensation que vous cherchez un idéal à travers l'amour ? Ne voyez-vous pas l'être aimé comme un sauveur, quelqu'un qui saura satisfaire toutes vos attentes ? Est-ce qu'à travers l'autre, vous recherchez la figure d'un parent ? Avez-vous la sensation que vous manquez d'énergie et de lumière et que vous avez besoin de reconnaissance, d'attention et d'être mis en valeur ?**

➪ *Si plus de cinq de vos réponses concernent votre famille, les questions à vous poser sont :* **vous sentez-vous totalement**

**libre ? Avez-vous la sensation d'être totalement autonome et libre de vos choix ou au contraire tenu par une famille, des croyances familiales, un patrimoine, un héritage, une responsabilité familiale ? Avez-vous la sensation d'être dépendant d'un modèle familial dans vos relations ?**

➪ *Si plus de quatre de vos réponses sont MOI, les questions à vous poser sont :* **avez-vous répondu honnêtement à ce questionnaire ? Êtes-vous vraiment sincère avec vous-même et les autres ? N'avez-vous pas la sensation de devoir prétendre être quelqu'un d'autre pour avoir la sensation d'être vous-même ? Au fond, ce qui vous anime, n'est-ce pas principalement une forte angoisse de ne pas être aimé ? Vous sentez-vous en sécurité ?**

➪ *Si vous êtes en couple et que votre partenaire n'apparaît pas au moins quatre fois, les questions à vous poser sont :* **avez-vous affronté tous vos doutes quant à la relation ? Quelles questions vous posez-vous ? Avez-vous la sensation de communiquer facilement ensemble ?**

➪ *Si aucun des résultats ci-dessus ne vous concerne, la question à vous poser est :* **acceptez-vous de continuer à avancer vers le chemin brûlant de l'amour sans vous brûler les ailes ?**

***Une fois que vous aurez terminé le questionnaire ci-dessus, et selon les résultats proposés, notez ici vos ressentis et votre analyse.***

..........................................................................................................

..........................................................................................................

..........................................................................................................

..........................................................................................................

..........................................................................................................

***En général, quelles attentes avez-vous de votre partenaire amoureux ? Qu'il vous réponde rapidement ? Qu'il soit démonstratif ? Qu'il vous désire, vous admire ? Qu'il prenne soin de vous ?***

..........................................................................................................

..........................................................................................................

..........................................................................................................

..........................................................................................................

..........................................................................................................

Si chacun se donnait totalement à l'autre, il n'y aurait plus d'attentes, de conditions ni d'injonctions. Il y aurait juste éventuellement des ajustements dans la communication.

***Quelles seraient les conditions pour que vous puissiez abandonner toutes vos attentes ?***

..........................................................................................................

..........................................................................................................

..........................................................................................................

..........................................................................................................

..........................................................................................................

## Les projections

L'amour et les attentes de l'ego sont incompatibles. L'amour ouvre une voie que l'on ne connaît pas encore. Les attentes de l'ego ne supportent pas l'aléatoire, l'incertitude ou l'insécurité. Les attentes sont des projections et des conditions qui nous éloignent du sens du flux amoureux. Le fantasme crée des fausses images tandis que les projections sont empreintes de nos croyances. Par exemple, quelqu'un qui croit que personne ne l'aime va projeter sur les autres sa croyance douloureuse de ne pas être désirable ou aimable. Je vous laisse deviner le résultat...

***Si vous pensez que personne ne vous aime ou ne vous accepte tel que vous êtes, quels effets cette croyance, consciente ou inconsciente, produit-elle sur les autres à votre avis ?***

..................................................................................................................

..................................................................................................................

..................................................................................................................

..................................................................................................................

..................................................................................................................

..................................................................................................................

***Faites la liste de toutes les croyances négatives ou limitantes au sujet de vous-même ?*** (Les croyances physiques, d'âge, psychologiques, financières, culturelles... Généralement les croyances négatives commencent par « Je suis trop » ou « Je ne suis pas assez ».)

| ***Je suis trop...*** | ***Je ne suis pas assez...*** |
|---|---|
| .................................................... | .................................................... |
| .................................................... | .................................................... |
| .................................................... | .................................................... |
| .................................................... | .................................................... |
| .................................................... | .................................................... |
| .................................................... | .................................................... |

***Quel impact vos croyances limitantes ont-elles sur les autres et dans votre vie ?***

*Reportez trois de vos croyances les plus fortes vous concernant dans la première colonne. Dans la seconde, notez l'impact que cela peut avoir sur les autres. Et enfin, dans la troisième colonne, notez les effets de ces croyances, qui deviennent des attitudes, des actions et qui deviennent à leur tour votre vie.*

| CROYANCES LIMITANTES | IMPACT SUR LES AUTRES | EFFETS SUR MA VIE |
|---|---|---|
| | | |
| | | |
| | | |

Vos croyances limitantes ont non seulement un impact sur les autres et votre vie, mais en plus elles créent des projections sur les autres. Plus on a de croyances sur soi et plus on en a sur les autres et donc moins on ne les comprend. Dans la mesure où l'on ne perçoit le monde qu'à l'aune de ce que nous ressentons et donc de ce que nous sommes, les croyances créent des projections qui empêchent d'accéder à la vérité intérieure de l'autre. Il est donc essentiel de se libérer de vos croyances et de vos projections si vous souhaitez accéder au véritable amour.

***Que projetez-vous sur les autres ? Reprenons trois de vos croyances limitantes, ce que vous pensez de plus négatif au sujet de vous-même. Et puis, cherchez cette fois ce que cela vous amène à penser sur les autres.*** Par exemple, « je suis trop atypique » m'amène à croire que les autres sont plus classiques et ont donc plus de succès que moi, qu'ils sont plus désirables, qu'ils sont plus adaptés et réussissent mieux.

| Mes croyances limitantes | Mes projections sur les autres |
| --- | --- |
| | |
| | |
| | |

Par ailleurs, les projections cachent toujours des sentiments, des émotions ou des pensées inconscientes. En fait, nous voyons très rarement les gens pour ce qu'ils sont et tels qu'ils sont. En amour peut-être plus qu'ailleurs, notre esprit fait des associations d'idées avec des personnes ou des moments de notre passé, par exemple : on va projeter sur les autres nos propres ressentis à l'égard de nos parents. C'est presque toujours le cas. Il est fondamental d'en prendre conscience au quotidien et de parvenir à se détacher de cette tendance à la projection si vous voulez faire preuve de plus de discernement, de percevoir les êtres et les événements tels qu'ils sont et surtout si vous souhaitez avancer plus librement vers l'amour.

Dans l'exercice qui suit, rappelez-vous un ressentiment que vous avez pu avoir envers quelqu'un, que ce soit en amour ou pas.

***Quel est le défaut de cette personne qui vous a mis en colère, vous a fait mal ou qui vous a déçu ?***

................................................................................................................................................

................................................................................................................................................

................................................................................................................................................

................................................................................................................................................

***Racontez ce qu'il s'est passé et pourquoi ça vous a fait du mal.***

................................................................................................................................................

................................................................................................................................................

................................................................................................................................................

................................................................................................................................................

................................................................................................................................................

***Vous est-il déjà arrivé d'avoir eu ce même défaut ? Soyez très honnête avec vous-même. Peut-être n'avez-vous jamais fait la même chose mais avez-vous déjà exprimé à une autre occasion et dans un autre contexte, le même défaut qui vous a fait mal ?***

❑ Oui ❑ Non

***À quelle occasion ?***

........................................................................................................................

........................................................................................................................

........................................................................................................................

........................................................................................................................

........................................................................................................................

Plus on nie les défauts en soi, plus on les projette chez les autres. Alors, allons encore plus loin, car les relations amoureuses saines et adultes supposent que l'on puisse réaliser et exprimer qu'on a pu être soi-même toxique pour l'autre.

***Notez le nom d'une personne – que vous connaissez ou non – et pour laquelle vous avez beaucoup d'aversion, soit parce que vous avez eu une violente dispute, soit parce que vous n'aimez pas sa personnalité par exemple.***

........................................................................................................................

***Notez ensuite trois défauts de cette personne.***

1. ........................................................................................................................
2. ........................................................................................................................
3. ........................................................................................................................

***Observez cette liste de défauts et, pour chacun, notez une occasion au cours de laquelle vous avez vous-même exprimé ce même défaut.***

Défaut 1 : ..................................................................................................

..................................................................................................................

..................................................................................................................

..................................................................................................................

..................................................................................................................

..................................................................................................................

Défaut 2 : ..................................................................................................

..................................................................................................................

..................................................................................................................

..................................................................................................................

..................................................................................................................

..................................................................................................................

Défaut 3 : ..................................................................................................

..................................................................................................................

..................................................................................................................

..................................................................................................................

..................................................................................................................

..................................................................................................................

Vous comprenez à présent que tout ce que vous jugez négativement, critiquez ou reprochez aux autres, en réalité c'est ce que vous niez chez vous (inconsciemment, bien souvent !).

Mais en percevant cette inclination que tout le monde a, cela nous permet tout simplement d'être plus tolérant et plus respectueux dans les relations humaines et tout particulièrement amoureuses où l'on a tous tendance à faire beaucoup trop de reproches à l'autre. Continuez de faire ce même exercice à chaque fois que vous vous surprendrez en train de critiquer, juger ou faire un reproche à n'importe qui. C'est ainsi que vous ferez un bond en avant vers « se donner et recevoir », qui est probablement l'expression la plus jouissive de l'amour.

***Avez-vous déjà fait du mal à une personne que vous aimiez ?***

❑ Oui ❑ Non

***Dans un amour sans condition et dans un don de soi à l'autre totalement pur, que pourriez-vous donner à l'autre que vous n'avez encore jamais donné et qui vous ferait plaisir de partager ?***
(Ce peut être d'ordre matériel, familial, émotionnel, psychologique, romantique.)

..........................................................................................................

..........................................................................................................

..........................................................................................................

..........................................................................................................

..........................................................................................................

..........................................................................................................

..........................................................................................................

..........................................................................................................

..........................................................................................................

..........................................................................................................

# VOUS ÉPANOUIR SEXUELLEMENT

La sexualité est évidemment un vaste territoire à explorer dans la relation à deux. Sous le sexe se cache le désir. Le désir n'est pas le sexe ni l'amour mais c'est la force dynamique qui va attirer deux êtres l'un à l'autre. Quand le désir est dissonant, des conflits apparaissent jusqu'à la rupture parfois. En sanskrit, la langue indienne ancestrale, kama signifie « désir » et est à l'origine du Kamasutra, le Traité du désir. Vous connaissez tous le mot Kama Sutra qui signifie le « traité du désir. »

***Quelle est actuellement la force de votre désir, de votre libido ?*** (1 correspondant à INEXISTANT et 10 correspondant à BRÛLANT.)

1 2 3 4 5 6 7 8 9 10

***Quels mots associez-vous à la sexualité ? Entourez ce qui vous correspond le plus.***

| | | | |
|---|---|---|---|
| Faire plaisir | Naturel | Liberté | Problème |
| Asexualité | Honte | Péché | Beauté |
| Plaisir | Néant | Dégoût | Expérience |
| Jouissance | Jeu | Aventure | Tabou |

| | | | |
|---|---|---|---|
| Orgasme | Performance | Ennui | Domination |
| Extase | Découverte | Simplicité | Fantasme |
| Pouvoir | Amour | Communication | Spiritualité |
| Joie | Excitation | Amusement | Obligation |
| Chronophage | Fatigant | Douleur | Communion |
| Partage | Faire semblant | Lâcher-prise | Complexes |
| Peur | Pénétration | Porno | Rire |

Le sexe relève entièrement du désir et de la volonté des amants de se donner l'un à l'autre du plaisir. Le sexe devient puissant et sacré lorsque le désir se faisant érotique et caressant, nous entrons entièrement dans la caresse. Il est sain d'envisager la sexualité comme une union ou une entente à laquelle on choisit de s'abandonner intentionnellement corps et âme. Mais il est étonnant de constater que beaucoup de gens abordent le sexe sans véritablement savoir ce que cela représente véritablement pour eux.

Le sexe est probablement l'opportunité d'abandon la plus facile et accessible à tous. C'est le moment où l'on peut mettre de côté notre identité, notre passé, nos inhibitions, notre intelligence, le statut social et tous les rôles que l'être humain joue chaque jour en société, même si aujourd'hui des codes et des croyances venus d'ailleurs viennent s'immiscer dans la sexualité et amènent les couples à jouer à nouveau des rôles en les privant d'une capacité d'abandon absolu.

***Qu'est-ce qui libère ou désinhibe votre sexualité en la rendant brûlante de beauté, de spontanéité, d'abandon et d'extase ?*** La question n'est pas de savoir ce qui vous excite mais ce qui vous libère. Ce peut être la confiance, un sentiment de sécurité, des caresses, des paroles... ***Si vous ne le savez pas, qu'est-ce qui pourrait selon vous libérer votre sexualité ?***

........................................................................................................................

........................................................................................................................

........................................................................................................................

........................................................................................................................

........................................................................................................................

........................................................................................................................

........................................................................................................................

........................................................................................................................

***À quoi pensez-vous quand faites l'amour ?*** Ce peut-être par exemple : à mon plaisir, est-ce que je m'y prends bien, uniquement au plaisir de l'autre, à rien, à ce que je ressens, si l'autre m'aime vraiment...

........................................................................................................................

........................................................................................................................

........................................................................................................................

........................................................................................................................

........................................................................................................................

........................................................................................................................

........................................................................................................................

........................................................................................................................

La sexualité devient un problème dans la relation à deux quand des émotions cachées comme la colère, la frustration, la honte ou la culpabilité sont présentes. Les inquiétudes concernant le sexe affectent notre attitude, nos pensées et nos paroles. Et inversement, les angoisses personnelles affectent la sexualité. Le sexe n'est pas en marge du reste de la vie. Donc, pour améliorer votre sexualité, ce n'est pas par des techniques ou des postures au lit que vous y parviendrez, mais en vous épanouissant, en mettant de côté vos attentes et en vous abonnant à la lumière du moment présent à travers toutes les sensations de votre corps. Rien de plus.

Dans l'exercice suivant, nous allons chercher à lever tous les obstacles à votre épanouissement sexuel en comprenant comment vos croyances, vos attentes, votre imaginaire bloquent l'énergie de l'extase.

***Cochez les phrases suivantes qui vous correspondent :***

- ❐ C'est bon quand c'est long.
- ❐ La taille du sexe est essentielle dans le plaisir.
- ❐ Le sexe doit se terminer par un orgasme sinon c'est raté.
- ❐ L'orgasme doit être intense.
- ❐ Le sexe, c'est uniquement comme j'en ai envie, quand j'en ai envie.
- ❐ Plus on a d'orgasmes, mieux c'est.
- ❐ Le sexe, c'est la pénétration.
- ❐ Ce n'est pas avec mon partenaire actuel que j'ai eu la meilleure sexualité.
- ❐ Une relation sans sexe c'est un problème.
- ❐ Un partenaire qui n'a pas envie de sexe régulièrement, c'est un problème.

- ❒ Je fais toujours en sorte d'être à la hauteur pour ne pas décevoir ma/mon partenaire.
- ❒ Le sexe, pour être épanouissant, doit comporter plusieurs positions.
- ❒ J'accepte des expériences sexuelles que je n'aime pas juste pour donner du plaisir.
- ❒ Je ne fais rien dans le sexe que je n'aime pas.
- ❒ Mon seul but est de donner du plaisir.
- ❒ J'aime m'abandonner totalement dans le sexe jusqu'à la transe.
- ❒ Je suis souvent déçu après le sexe.
- ❒ Je passe très vite à autre chose après le sexe.
- ❒ J'aime rester dans les bras de l'autre après le sexe.
- ❒ Le sexe, c'est animal.
- ❒ Je ris et je me sens très léger après l'orgasme.
- ❒ Dans le sexe, j'ai besoin de tout contrôler.
- ❒ J'aime le sexe sans pénétration.
- ❒ Ce qui me marque dans le sexe, c'est le toucher, les regards, les caresses, les odeurs...
- ❒ Je n'aime pas jouir en premier.
- ❒ Le sexe doit être intense.
- ❒ Le sexe est excitant quand il est extrême.
- ❒ Dans le sexe, le plaisir rejoint la douleur.
- ❒ Je suis gêné d'exprimer mes désirs et mes fantasmes sexuels.

- ❒ J'ai toujours une frustration sexuelle, celle de ne pas en avoir assez.
- ❒ On accorde trop d'importance au sexe.
- ❒ J'aime l'imagerie, la lingerie, les jouets et les jeux de rôles sexuels.
- ❒ Le sexe m'ennuie souvent alors je l'évite.
- ❒ J'ai toujours l'impression de mal m'y prendre et de ne pas savoir donner du plaisir.
- ❒ J'ai constamment peur des maladies sexuellement transmissibles.

Comptez le nombre de propositions cochées.

➪ ***Moins de sept affirmations cochées :*** vous êtes probablement bien dans votre tête, dans votre corps et dans votre sexualité. Vous n'avez pas beaucoup d'attentes, de projections, d'imaginaire qui viennent conditionner votre sexualité. Il est également probable que vous viviez la sexualité comme un flux naturel de plaisirs partagés et spontanés. *Les questions à vous poser :* **qu'est-ce qui vous manque le plus aujourd'hui dans votre vie amoureuse ? Qu'est-ce que vous aimeriez vivre comme sensations sexuelles ultimes et suprêmes dans une relation amoureuse ?**

➪ ***Plus de sept affirmations cochées :*** il est probable que la sexualité ne soit pas aussi fluide et naturelle que vous ne le pensez, surtout si vous êtes très libéré sexuellement. La sexualité est inconsciemment dominée par des attentes, des croyances, des blessures, des besoins de compenser et décompenser. Votre sexualité peut être également inhibée par des inquiétudes, des angoisses au sujet de vous-même et de votre vie.

*Les questions à vous poser :* **qu'est-ce qui vous empêche de vous laisser aller, de vivre le moment présent simplement, de vous abandonner sans crainte ou d'avoir confiance ? Quels sont les blocages dans votre vie qui vous empêchent de vous sentir totalement libre, heureux et serein ? Êtes-vous totalement à l'aise avec les autres ? Êtes-vous totalement à l'aise avec votre propre corps ?**

Poursuivons en relisant la liste des propositions ci-avant. Notez celles qui ont un impact émotionnel plus fort sur vous, celles qui vous parlent, qui font écho en vous ou qui vous mettent tout simplement mal à l'aise.

***Choisissez une proposition qui déclenche en vous une forte réaction émotionnelle, positive ou négative. Notez-la.***

........................................................................................................................

........................................................................................................................

........................................................................................................................

........................................................................................................................

***Qu'est-ce que cette phrase déclenche en vous ? Quelles sensations ? Quelles pensées ?***

........................................................................................................................

........................................................................................................................

........................................................................................................................

........................................................................................................................

........................................................................................................................

........................................................................................................................

........................................................................................................................

........................................................................................................................

***Quelle est la signification de cette réaction et quelle est sa cause profonde ? Est-ce un blocage ? Est-ce lié à votre histoire personnelle, un souvenir, une mauvaise expérience ? Est-ce lié à une croyance, votre famille, votre culture ? Est-ce lié à une peur ?***

..................................................................................................................

..................................................................................................................

..................................................................................................................

..................................................................................................................

..................................................................................................................

Tant que les blocages en vous-même n'ont pas disparu, le flux d'énergie sexuelle et d'épanouissement ne peut circuler librement. Allons plus loin dans l'identification des blocages que vous pourriez avoir en répondant à ces différentes questions par PLUTÔT OUI ou PLUTÔT NON.

***Avez-vous des idées préconçues sur la sexualité, comme des attentes rigides ? Est-ce que la performance est importante pour vous ? Est-ce que la sexualité est une source de valorisation personnelle ? Êtes-vous sensible au regard des autres et à la norme sociale ? Êtes-vous dépendant du regard des autres ?***

❑ Plutôt oui ❑ Plutôt non

***Avez-vous la sensation de vivre dans le passé ou de comparer votre sexualité et votre partenaire à ce que vous viviez avant ? Est-ce que l'excitation physique est plus importante pour vous que les émotions dans votre sexualité ? Avez-vous l'angoisse de ne pas être à la hauteur, de ne pas faire les choses comme il faut ? Êtes-vous dépendante affectivement ?***

❑ Plutôt oui ❑ Plutôt non

*Si vous n'obtenez pas la satisfaction de vos désirs, est-ce que vous vous sentez frustré, en colère ? Est-ce que vous en voulez aux autres ? Quand vous êtes en colère ou frustré, est-ce que vous pouvez blesser les autres en leur faisant du mal psychologiquement ou physiquement ? Vous arrive-t-il d'être menaçant ? Est-ce que vous ressentez une forte tension si votre partenaire sexuel vous dit « non » ? Vous est-il déjà arrivé de le/la contraindre jusqu'à ce que vous obteniez ce que vous souhaitez ?*

❑ Plutôt oui ❑ Plutôt non

*Est-ce difficile pour vous de lâcher le contrôle lors d'une intimité sexuelle ? Est-ce que vous aimez donner l'image d'être une « bête de sexe » ? Est-ce que la pornographie vous inspire ou vous excite ? Avez-vous des difficultés à assumer facilement ce que vous ressentez : vos émotions, vos pensées et vos désirs ? Est-ce difficile pour vous de vivre le moment présent et d'être présent à vos sensations ?*

❑ Plutôt oui ❑ Plutôt non

*Êtes-vous déçu par votre sexualité actuelle ? Ressentez-vous de la frustration, de la déception ou même de la colère envers votre partenaire sexuel ? Ressentez-vous une forme d'incapacité à être vraiment épanoui dans vos relations amoureuses et sexuelles ? Est-ce que vous ressentez un manque ou avez l'impression de ne pas être suffisamment désiré ?*

❑ Plutôt oui ❑ Plutôt non

*Vous sentez-vous inhibé sexuellement ? Est-ce difficile pour vous de lâcher prise et de vous abandonner au flux du plaisir intuitif et spontané ? Est-ce que vous ressentez une forme de honte ? Êtes-vous gêné par votre corps ? Est-ce que vous en*

***voulez énormément à quelqu'un au point qu'une colère reste enfermée en vous ? Avez-vous une estime de vous-même plutôt faible ?***

❑ Plutôt oui ❑ Plutôt non

***Avez-vous beaucoup de fantasmes ? Êtes-vous dans une recherche de perfection et d'idéal ? Êtes-vous déçu par la réalité et ce que vous vivez habituellement ? Avez-vous la sensation que tout est moins bien que ce vous espériez ? Est-ce que vous souffrez d'isolement ou d'une sensation de retrait par rapport au monde ? Avez-vous des difficultés à communiquer ce que vous pensez et ressentez ? Avez-vous des jugements négatifs sur vos partenaires ?***

❑ Plutôt oui ❑ Plutôt non

***Avez-vous une faible estime de vous-même ? Vous sentez-vous dépendant sexuellement de votre partenaire ? Avez-vous une tendance à la soumission ? Avez-vous de fortes pulsions sexuelles ou au contraire un détachement ?***

❑ Plutôt oui ❑ Plutôt non

***Avez-vous grandi dans un contexte où le sexe était tabou ou même considéré comme négatif voire dangereux ? Avez-vous souffert d'un manque d'amour, de tendresse, d'affection ou de soutien de vos partenaires ou même des gens proches de vous ? Avez-vous déjà jugé négativement vos expériences sexuelles ? Considérez-vous une notion de bien ou de mal, de nature ou contre-nature dans la sexualité ? Avez-vous une peur de la sexualité ou de l'intimité amoureuse, comme embrasser ou caresser ?***

❑ Plutôt oui ❑ Plutôt non

➪ Si vous avez répondu « PLUTÔT NON » à toutes les propositions, vous êtes en très bonne voie vers l'extase la plus profonde, la plus élevée et la plus durable.

➪ ***Si vous avez répondu « PLUTÔT OUI » à une ou plusieurs de ces propositions, quelle est celle la plus proche de vous, celle qui vous touche ou vous correspond le plus ? Celle dans laquelle vous vous reconnaissez ?***

..................................................................................................................

*Explorez la cause...* ***Pourquoi ressentez-vous cela ?***

..................................................................................................................

..................................................................................................................

..................................................................................................................

..................................................................................................................

Quand la sexualité se vit dans un état d'abandon, laissant le flux spontané de la vie s'exprimer, vous vivez une forme plus élevée et même plus jouissive du sexe. Il devient, tout comme la relation amoureuse, une libération de votre créativité. Dans le prochain exercice, nous allons explorer les potentialités de cette expérience profonde d'une sexualité vécue dans la joie. C'est le *happy sex !*

***Cochez toutes les propositions que vous avez déjà vécues au moins une fois dans l'intimité sexuelle :***

❒ L'extase

❒ Le rire

❒ La transe

❒ Perte de la notion du temps

- ❒ Une sensation de flottement
- ❒ La tête qui tourne
- ❒ La joie la plus profonde
- ❒ Une paix immense
- ❒ La sensation que le cœur grandit et s'élargit dans l'univers
- ❒ Une sensation de chaleur lumineuse qui remonte le long de votre colonne vertébrale
- ❒ Une perte de contrôle totale
- ❒ Une sensation de fusion
- ❒ La sensation de caresser l'âme de l'autre
- ❒ La sensation que votre âme est caressée
- ❒ Des sensations nouvelles que vous n'avez jamais connues
- ❒ L'impression d'être différent
- ❒ Une conscience aiguë de toutes vos sensations
- ❒ Une ivresse de plaisir et de douceur tendre
- ❒ La gratitude
- ❒ Un détachement de toute attente ou besoin
- ❒ Un détachement de tout ce qui est de l'ordre de la technique ou de la performance démonstrative
- ❒ Un détachement total de l'image que vous renvoyez
- ❒ Un laisser aller total à ce qui se vit
- ❒ Une sensation d'unité avec la vie
- ❒ Une sensation de bien-être, de confiance et de sécurité absolue

- ❑ Une sensation de régression, de jeu, de retourner dans l'enfance
- ❑ Des sensations mystiques
- ❑ Un amour sans limite et gorgé de plaisir

Ça donne envie de revivre ces sensations non ? Alors, faisons le bilan.

***Combien de cases avez-vous cochées ?***

..........................................................................................................

Toutes celles cochées signifient que vous avez commencé à intégrer cette énergie sexuelle pour créer ce genre d'expérience dans l'intimité sexuelle mais aussi dans votre vie. La seule chose à faire pour vivre un épanouissement sexuel durable, c'est de poursuivre cette quête d'une sexualité créative, c'est-à-dire libre, spontanée, intuitive, joyeuse et entière. Plus vous répétez ce genre d'expérience, plus cela vous indique le degré de libération en vous de l'énergie sexuelle créative. Toutes les cases que vous n'avez pas cochées (ou si vous n'en avez coché aucune) indiquent votre horizon : ce que vous pouvez vivre. Le simple fait de faire cet exercice et d'en prendre conscience appelle en vous ce genre d'expériences. Ne cherchez pas à les provoquer. Aussi, ces cases non cochées soulignent peut-être en creux des blocages qui sommeilleraient en vous. Il ne s'agit pas de blocages sexuels mais d'un autre ordre, plus profond. À vous de vous interroger et de sentir si tel est le cas ou non.

Partie 4

# VERS LA TRANSFORMATION PROFONDE

# LE PRINCIPAL OBSTACLE À L'ÉPANOUISSEMENT AMOUREUX

Attaquons-nous à présent au plafond de verre de toutes les relations, c'est-à-dire au principal obstacle à votre épanouissement amoureux. Quel est-il ? Vous-même. Ou plutôt votre tête ou autrement dit : votre santé mentale !

J'ai eu l'occasion de rencontrer Arthur Aron, docteur en psychologie et l'un des principaux chercheurs en matière de relations amoureuses (et accessoirement l'époux d'Elaine Aron qui fut la première psy à conceptualiser l'hypersensibilité). Il m'a expliqué que notre santé mentale prédit l'avenir de notre relation amoureuse. Et si votre mental peut prédire votre relation amoureuse, cela signifie qu'en guérissant vos blessures, vos croyances et tous vos problèmes, vous améliorerez *de facto* vos relations amoureuses. C'est simple mais pas facile, car l'un des principaux problèmes de votre état mental, c'est le mental lui-même !

Comment prendre conscience de votre mental ? En observant vos pensées, vos réactions, votre attitude. L'une des techniques, c'est de prendre conscience de vos pensées automatiques, c'est-à-dire la petite voix à l'intérieur de vous, celle qui parle et se plaint tout le temps, qui critique tout et juge, surtout vous-même. Appelons cette petite voix intérieure : votre voix mentale. Les exercices suivants vont vous aider à prendre conscience de l'impact de cette voix mentale dans votre vie.

*Avez-vous la sensation que le doute à propos de vous-même augmente quand vous vivez une crise, un moment d'angoisse, de tension ou de stress ?*

❑ Oui ❑ Non

*Est-ce que vous faites des promesses que vous ne pouvez pas tenir et que vous regrettez ensuite ?*

❑ Oui ❑ Non

*De manière générale, est-ce que vous en voulez à vos parents ?*

❑ Oui ❑ Non

*Avez-vous la sensation que la vie est difficile ?*

❑ Oui ❑ Non

*Est-ce qu'il vous arrive de penser que l'amour est un leurre, une illusion, ou que vous n'êtes pas fait pour l'amour ?*

❑ Oui ❑ Non

*Après un événement de tension ou de stress, est-ce que vous revivez en boucle l'événement dans votre tête plusieurs heures voire plusieurs jours après ?*

❑ Oui ❑ Non

*Êtes-vous d'un tempérament jaloux ?*

❑ Oui ❑ Non

*Est-ce que vous avez la sensation que les autres vous empêchent de réaliser vos rêves ?*

❑ Oui ❑ Non

***S'il y a un choix à faire entre ce que vous souhaitez vraiment et ce que vous pensez devoir faire, que ce soit pour des raisons de sécurité, financières ou pour mieux vous entendre avec les autres, que choisissez-vous ?***

- ❑ Je choisis ce que j'ai envie de faire

OU

- ❑ Ce que je dois faire

***Lors d'un conflit, comment réagissez-vous habituellement ? Est-ce que vous vous plaignez du problème auprès d'amis ? Est-ce que vous vous évadez en regardant une série télé ou en buvant ? Est-ce que vous résistez en restant bloqué dans votre point de vue ? Est-ce que vous luttez ? Est-ce que vous cherchez une solution, essayez de comprendre la nature du problème, en modifiant votre perception, en adoptant un autre point de vue ?***

- ❑ Je me plains
- ❑ Je fuis
- ❑ Je résiste
- ❑ Je lutte
- ❑ Je tourne en boucle
- ❑ Je change de perception

***Sur cette échelle, où situez-vous l'espoir que vous avez à propos de votre propre vie et de votre avenir ?***

Pessimiste — Optimiste

***Sur cette échelle, où situez-vous votre chance dans la vie ?***

Pas de chance — Chanceux

***Quel degré d'estime avez-vous de vous-même ?***

Très faible estime — Très forte estime

***Est-ce que vous êtes une personne plutôt ?***

Détendue — Anxieuse

***Vous arrive-t-il de ressentir de la colère, de la frustration ou de l'abus sans pouvoir exprimer ce que vous ressentez vraiment de manière simple et tranquille ?***

❑ Oui ❑ Non

***Quand vous ressentez du stress, comment réagissez-vous habituellement ?***

❑ Je rumine ❑ J'ai du mal à m'endormir

❑ Je ne parle que de ça ❑ J'explose

❑ Je fuis ❑ Je me calme

***Autre chose ?***

........................................................................................................

........................................................................................................

........................................................................................................

........................................................................................................

***De quelle façon le stress finit-il par redescendre ?***

❑ Avec le temps ❑ Il ne part jamais

❑ En me détendant ❑ Avec un psy ❑ Je fais du yoga

***Autre chose ?***

........................................................................................................

........................................................................................................

........................................................................................................

***Comment surmontez-vous un moment de déprime après un échec ?***

❑ Je suis déçu mais je relativise ❑ J'angoisse

❑ Je fais des reproches aux autres

***Autre chose ?***

..........................................................................................

..........................................................................................

..........................................................................................

***En prenant conscience de vos réponses ci-dessus, indiquez la présence de cette voix mentale en vous.*** (1 étant « Cette voix est totalement absente ou je ne la perçois pas » et 10 « Cette voix est très présente dans ma vie ».)

| 1 | 2 | 3 | 4 | 5 | 6 | 7 | 8 | 9 | 10 |
|---|---|---|---|---|---|---|---|---|---|

***Quand vous avez peur, que vous êtes déçu, en colère ou déprimé, qu'est-ce votre voix mentale dit généralement ?***

..........................................................................................

..........................................................................................

..........................................................................................

..........................................................................................

La voix mentale exprime généralement contre soi des pensées de honte, de culpabilité, la peur du rejet et de l'exclusion, issues d'anciennes blessures émotionnelles, affectives ou sociales. Contre les autres, cette voix va formuler des jugements, des critiques, des reproches et des comparaisons. Repensez à une situation où une personne vous a blessé, par exemple, à quelqu'un qui vous a rejeté, a abusé de vous ou vous a humilié. Une situation où vous avez ressenti des émotions très fortes.

***Notez son nom :***

..........................................................................................................................................

***Lorsque ma voix mentale me parle de moi-même, elle :***

- ❐ minimise ou nie ce qui s'est passé.
- ❐ fait des reproches et accuse l'autre.
- ❐ me dit de fuir et de disparaître.
- ❐ me dit que c'est de ma faute.
- ❐ interprète et imagine des scénarios pour comprendre ce qui s'est passé.
- ❐ me dit que je m'en moque, que je suis le meilleur.
- ❐ voit chez les autres mes propres défauts.

***Qu'est-ce qu'exprimait exactement votre voix mentale ? Notez ci-dessous ce qu'elle vous disait.***

..........................................................................................................................................

..........................................................................................................................................

..........................................................................................................................................

..........................................................................................................................................

..........................................................................................................................................

..........................................................................................................................................

..........................................................................................................................................

***Cochez ensuite OUI ou NON, le plus sincèrement possible :***

| | OUI | NON |
|---|---|---|
| Avez-vous la sensation que les personnes dont vous tombez amoureux sont égoïstes ? | | |
| Est-ce difficile pour vous de faire totalement confiance aux autres ? | | |
| Avez-vous des difficultés à croire en la sincérité d'un compliment ? | | |
| Avez-vous la sensation d'être régulièrement victime d'abus ? (Physiques, psychologiques, financiers, affectifs, matériels) | | |
| Avez-vous la sensation d'être régulièrement lésé ? | | |
| Est-ce que le bien-être des personnes que vous aimez compte plus que le vôtre ? | | |
| Est-ce que vous vous sentez facilement coupable ou honteux ? | | |
| Avez-vous la sensation d'être passé à côté de quelque chose dans votre vie ? | | |
| Avez-vous la sensation d'avoir raté votre vie ou qu'elle n'a pas encore commencé ? | | |
| Avez-vous des regrets à propos de choses que vous avez commises ou dites ? | | |
| Avez-vous le sentiment d'être manipulé dans les relations amoureuses ? | | |
| Est-ce que vous êtes souvent déçu ou frustré ? | | |
| Est-ce que vous craignez le conflit et faites tout pour l'éviter ? | | |

| | | |
|---|---|---|
| Est-ce que vous faites tout pour éviter de déranger ou d'ennuyer les autres ? | | |
| Est-ce que vous vous sentez en décalage par rapport aux autres ? | | |
| Est-ce que, pour être aimé, vous cherchez à impressionner les autres ? | | |
| Est-ce qu'il vous arrive de manipuler les autres par peur d'être abandonné ou rejeté ? | | |

Notez que tous ces mécanismes et comportements sont le plus souvent inconscients. Mais l'objet de ces questions vise à vous en faire prendre conscience petit à petit et surtout lors des crises à venir.

***Reprenez l'ensemble des questions auxquelles vous avez répondu OUI. Qu'est-ce que cela vous inspire au sujet de vous-même ? Quelle analyse en faites-vous ?***

.....................................................................................................................

.....................................................................................................................

.....................................................................................................................

.....................................................................................................................

.....................................................................................................................

***D'après vous, l'analyse que vous venez de faire est issue :***

❐ D'une réflexion profonde et personnelle

❐ D'une croyance

❐ D'une pensée automatique exprimée par votre voix mentale

❐ De ce que pensent les autres à propos de vous

Plus votre voix mentale est forte, plus on a tendance à s'y identifier totalement. Et plus on s'identifie à cette voix intérieure et moins on vit dans le moment présent.

***Sur l'échelle ci-dessous, indiquez dans quelle mesure vous vous identifiez à votre voix mentale.*** (1 étant « Je vis dans le moment présent et ma voix mentale est très faible » et 10 « Ma voix mentale parle en permanence ».)

| | | | | | | | | | |
|---|---|---|---|---|---|---|---|---|---|
| 1 | 2 | 3 | 4 | 5 | 6 | 7 | 8 | 9 | 10 |

***Être dans le moment présent, c'est une acceptation radicale de la réalité. Indiquez ci-dessous dans quelle mesure vous acceptez la réalité telle qu'elle se présente dans votre vie.*** (1 étant « Je ne l'accepte pas du tout » et 10 « Je l'accepte totalement y compris ses douleurs ».)

| | | | | | | | | | |
|---|---|---|---|---|---|---|---|---|---|
| 1 | 2 | 3 | 4 | 5 | 6 | 7 | 8 | 9 | 10 |

La meilleure technique pour apaiser cette voix mentale, c'est d'abord d'en prendre conscience et d'approfondir le lien avec vous-même en étant le plus conscient possible des sensations dans votre corps. Penser positivement a un impact incroyablement positif sur l'esprit, le corps et les relations, mais lors des moments de haut stress, elle peut avoir l'effet inverse. Pour les personnes hypersensibles, dont la voix mentale est fortement présente, qui ont une faible estime d'elles-mêmes ou qui souffrent d'anxiété, se forcer à penser positivement peut accroître le problème, créer plus de stress et d'angoisse de ne pas être à la hauteur.

La solution est d'améliorer la qualité de tous vos liens :

- le lien avec vous-même (en étant conscient de vos sensations et de toutes vos dimensions : corporelles, psychiques, émotionnelles ),
- le lien avec les autres (en initiant le lien par le dialogue, l'écoute, le toucher, le compliment, se tourner vers l'autre, lui témoigner de l'affection, de l'intérêt, offrir notre aide…),
- le lien avec tout ce qui est au-delà de vous-même et des autres (la magie de la nature, le souffle de la vie, la beauté de la création, la lumière dans le cœur…).

***Notez ci-dessous trois actions que vous pouvez faire pour améliorer la qualité des liens avec vous-même*** *(être plus conscient de ce que je ressens, consulter un psy, faire du yoga)*.

1. ..................................................
2. ..................................................
3. ..................................................

***Notez ci-dessous trois actions que vous pouvez faire pour améliorer la qualité des liens avec les autres*** *(rendre service, rencontrer de nouvelles personnes, pardonner, dire « je t'aime »)*.

1. ..................................................
2. ..................................................
3. ..................................................

***Notez ci-dessous trois actions que vous pouvez faire pour améliorer la qualité des liens avec les forces plus grandes que vous*** *(plus de nature, méditer, aimer chaque seconde de la vie)*.

1. ..................................................
2. ..................................................
3. ..................................................

Il existe d'autres liens subtils et qui peuvent occuper beaucoup d'espace et de temps dans une relation à deux. Par exemple, votre lien avec la parole. À notre époque, on prête beaucoup d'attention à tout ce que l'on peut mettre dans la bouche mais très peu à tout ce qui en sort. Les mots que l'on peut dire sont l'expression d'un lien avec nous-même et peuvent prendre diverses formes dès lors que notre intention n'est pas claire : mensonge, calomnie, reproche, insulte, critique... À l'inverse, une intention claire serait de veiller à avoir une parole juste, ne pas faire de supposition, ne rien prendre personnellement.

***Quelles actions pourriez-vous entreprendre pour améliorer votre lien à la parole ?***

1. ..........................................................................................................

2. ..........................................................................................................

3. ..........................................................................................................

***Quels autres liens, physiques ou subtils pourriez-vous améliorer ?*** (Il peut s'agir de liens avec une personne mais pas nécessairement. Vous avez des liens avec toutes les choses de votre vie.)

1. ..........................................................................................................

2. ..........................................................................................................

3. ..........................................................................................................

***Quel(s) lien(s) souhaiteriez-vous rompre ou apaiser ?***

..............................................................................................................

..............................................................................................................

..............................................................................................................

..............................................................................................................

..............................................................................................................

Pour moi, **l'amour, c'est le lien.** Tout ce qui nous relie à tout est un lien. Et chaque lien est une forme potentielle d'amour. L'amour en tant que sentiment est le lien le plus intense mais aussi le plus mystérieux. L'amour est à la fois le lien, ce qui nous relie, et l'énergie du désir qui circule à travers ce lien. C'est le lien le plus raffiné, fondé sur une attirance puissante, qui nous pousse à désirer être aux côtés d'une personne que nous aimons, partager des moments intimes tels que des choses qu'on ne peut dire à personne d'autre, pourvoir à ses besoins et accepter en retour que l'autre puisse pourvoir aux nôtres. La force de ce lien entraîne un désir de connaître l'autre complètement, de l'inclure en soi et de faire partie de l'autre. Bien sûr, l'un n'est pas l'autre, mais le lien les réunit quoi qu'il arrive, quoi que l'on puisse se dire, au-delà des brûlures et des déchirures. C'est le lien le plus entier et le plus complet. Le lien qui peut vous mener à l'expérience ultime de la vie.

***Notez trois caractéristiques du lien d'amour que vous souhaitez vivre.***

1. ................................................................................

   ................................................................................

   ................................................................................

2. ................................................................................

   ................................................................................

   ................................................................................

3. ................................................................................

   ................................................................................

   ................................................................................

# VOS DIX LEÇONS POUR UNE MEILLEURE RELATION AMOUREUSE

À ce stade, vous avez déjà répondu à la plupart des questions de ce livre, n'est-ce pas ? Et vous commencez peut-être à voir certaines choses sous un angle différent au sujet de l'amour ? Et peut-être que vous avez même compris certaines choses importantes pour vous ? Et puisque vous avez déjà compris certaines choses en seulement quelques heures, il est évident que vous allez continuer d'intégrer de plus en plus ce dont vous venez de prendre conscience lors des jours, des semaines et des mois qui arrivent, c'est évident, n'est-ce pas ? Et ceci va révolutionner votre approche de l'amour.

Maintenant, j'aimerais partager avec vous dix leçons expérimentales que j'ai apprises à travers toutes mes recherches sur les relations humaines :

***Mes dix leçons pour une meilleure relation amoureuse :***

1. Le chemin de l'amour se découvre en avançant.

2. Enquêtez - Observez - Expérimentez - Tentez.

3. Abandonnez quelques-unes de vos attentes et redéfinissez votre vision du couple à chacune de vos rencontres.

4. Ne croyez rien de ce que l'autre peut vous dire, questionnez...

5. N'ayez pas peur de l'autre ni d'exprimer ce que vous ressentez.

6. Vous valez mieux que ce que vous pensez.

7. Quoi qu'il arrive, même si le pire arrive, tout se passera bien.

8. N'interprétez pas ce que doit penser l'autre.
Vous vous tromperez toujours.

9. Ne craignez jamais de ne pas être à la hauteur.

10. Ne cherchez ni l'amour, ni le bonheur, car c'est le meilleur moyen de se sentir seul et malheureux.

***Quelles sont les dix leçons que vous avez apprises en analysant votre propre expérience, vos sensations, vos rencontres et vos relations amoureuses ?***

***Vos dix leçons :***

1. ........................................................................................................
2. ........................................................................................................
3. ........................................................................................................
4. ........................................................................................................
5. ........................................................................................................
6. ........................................................................................................
7. ........................................................................................................
8. ........................................................................................................
9. ........................................................................................................
10. ......................................................................................................

Ces règles d'or ne visent pas à limiter votre expérience de l'amour. Elles doivent au contraire vous servir de boussole sur votre chemin de l'amour.

Partie 5

# L'ASCENSION : VERS L'EXPÉRIENCE ULTIME DE VOTRE VIE

***Pensez-vous qu'il vous soit possible un jour de vivre une relation d'amour à travers l'abandon, un attachement serein, une passion tranquille et durable sans vous brûler les ailes, une confiance sans peur et sans reproche, un amour paisible sans vous faire de mal ?*** (1 correspondant à PAS DU TOUT et 10 correspondant à TOUT À FAIT.)

1 2 3 4 5 6 7 8 9 10

Tous les exercices que nous venons de faire ensemble visent à poser les fondations d'une telle relation. Et j'espère de tout cœur que les questions auxquelles vous avez répondu vont continuer leur travail pour vous y aider. Mais nous sommes déjà parvenus à la dernière étape avant l'ascension finale. Cette ascension repose sur votre potentialité humaine à aimer et à être aimé au-delà de toutes limites. Dans cette ascension, il n'y a plus d'attachement douloureux car il n'y a plus de séparation possible. C'est la raison pour laquelle on parle d'étape finale : l'expérience ULTIME de l'amour.

Cette ascension suit le même processus que tomber amoureux. Elle en est le prolongement naturel. Mais alors, pourquoi si peu de personnes vivent cette ascension ? La réponse est partout dans ce livre. Toutes vos réponses expliquent ce qui vous empêche de vivre cette ascension d'amour. Pourtant, l'ascension ne requiert qu'une seule condition : se laisser aller complètement. Un laisser-aller total et sans retenue jusqu'à ce que l'amour que vous ressentez se transforme spontanément en extase.

***Êtes-vous prêt pour l'ascension finale ?***

❑ Oui ❑ Non

L'extase est un mot qu'on a presque oublié ou perdu dans la langue française. Les quelques fois où nous l'employons, nous le confondons avec d'autres mots comme la joie, le plaisir, l'ivresse, la jouissance ou l'orgasme. L'extase décrit pourtant une tout autre réalité.

***Notez ci-dessous toutes les caractéristiques qui vous viennent à l'esprit et qui pour vous se rapprochent de l'état d'extase.***

..............................................................................................................................

..............................................................................................................................

..............................................................................................................................

..............................................................................................................................

..............................................................................................................................

..............................................................................................................................

..............................................................................................................................

..............................................................................................................................

L'extase est un état qui nous transporte au-delà des limites de nous-mêmes, c'est-à-dire au-delà de tout ce à quoi nous nous identifions : notre personnalité, nos identités multiples, nos croyances, nos idéologies et même notre libre arbitre. L'extase, c'est l'évidence au-delà du doute. C'est la certitude profonde au-delà de la peur. C'est l'infini qui rayonne dans le corps. La portée de l'extase est d'ailleurs suggérée par l'étymologie du mot, en grec, *ekstasis*, qui signifie « se tenir ou se placer en dehors ».

Pour vivre l'extase, inutile de partir dans des contrées célestes ou des voyages imaginaires. L'extase se vit dans la chair et l'esprit. Elle est tellement proche de nous que nous la manquons, parce qu'en réalité, personne ne nous apprend jamais à vivre ou à reconnaître l'extase.

Pour vous aider à identifier le souvenir d'un moment d'extase, voici quelques indices :

- vous aviez la sensation que le temps n'avait plus aucune importance,
- vous vous sentiez totalement ouvert, serein et curieux face à l'inconnu,
- vous ressentiez une joie profonde,
- vous n'aviez besoin d'aucune défense, ni d'aucune armure pour vous protéger, car vous ressentiez un sentiment de sécurité,
- vous acceptiez totalement ce qui advenait à chaque instant sans vous poser aucune question,
- vous vous sentiez relié et en communion.

***Est-ce qu'à cet instant même, vous ressentez cela ?***

❑ Oui ❑ Non

Si vous avez répondu OUI, cela signifie que vous êtes pleinement présent à vous-même, ce qui est simple mais compliqué pour la plupart des gens.

***Si vous avez répondu NON, à quoi pensez-vous maintenant ? Qu'est-ce qui vous préoccupe en ce moment ?***

..........................................................................................................

..........................................................................................................

..........................................................................................................

..........................................................................................................

..........................................................................................................

..........................................................................................................

..........................................................................................................

***Écrivez ci-dessous le souvenir d'extase ou bien un moment inspiré où tout semblait harmonieux en vous et aligné avec la vie. Le moment parfait où vous avez prononcé la phrase juste, où vous avez eu l'idée parfaite au bon moment. Ce peut être une rencontre, un baiser, une caresse, une odeur ou bien une relation apaisée avec la vie, un moment de paix profonde en relation avec la nature, un instant magique que vous ne souhaitez pas oublier. Quel était donc ce moment le plus proche de l'extase et ce qui rendait ce moment si différent et si unique ?***

..............................................................................................................

..............................................................................................................

..............................................................................................................

..............................................................................................................

..............................................................................................................

..............................................................................................................

..............................................................................................................

..............................................................................................................

L'extase, c'est l'intimité ultime avec soi. Elle est le privilège de ceux qui sont arrivés au bout de ce chemin d'intimité avec eux-mêmes juste avant l'ascension finale. Si vous n'avez pas encore atteint ce point, l'extase n'appartient pas encore à votre champ d'expériences. Vous pouvez connaître la joie, l'excitation ou la satisfaction mais ces émotions sont des reflets adoucis de l'extase.

Pour toucher du doigt l'extase, je vous invite tout d'abord à entrer en **« décroyance »** : la décroissance de vos croyances. L'extase se donne à vivre quand on abandonne ce que l'on croit. La croyance est une adhésion à une conviction. Or l'extase est un moment de vérité avec soi. C'est une expérience bien réelle qui se donne à vivre sans réfléchir à travers toutes les dimensions de l'être.

***Notez ci-dessous cinq croyances au sujet de vous-même (qui vous pensez être).***

1. ..............................................................................................
2. ..............................................................................................
3. ..............................................................................................
4. ..............................................................................................
5. ..............................................................................................

***Notez ci-dessous cinq croyances que vous avez au sujet des autres.***

1. ..............................................................................................
2. ..............................................................................................
3. ..............................................................................................
4. ..............................................................................................
5. ..............................................................................................

***Notez ci-dessous cinq croyances que vous avez au sujet de la vie.***

1. ..............................................................................................
2. ..............................................................................................
3. ..............................................................................................
4. ..............................................................................................
5. ..............................................................................................

***Enfin, notez ci-dessous cinq croyances que vous avez au sujet de la mort.***

1. ..................................................................................................
2. ..................................................................................................
3. ..................................................................................................
4. ..................................................................................................
5. ..................................................................................................

***Si vous retirez toutes vos croyances, toutes les identités auxquelles vous vous référez pour vous définir, que reste-t-il de vous ? Que reste-t-il une fois que vous avez effacé tous les qualificatifs que vous avez l'habitude d'ajouter derrière la formule « Je suis... » ?***

........................................................................................................

........................................................................................................

........................................................................................................

........................................................................................................

........................................................................................................

Ressentez pleinement ce que vous venez d'écrire. Prenez quelques instants pour le ressentir en fermant les yeux. Je suis convaincu aujourd'hui que la séparation qui existe entre l'autre - tous les autres - et soi, c'est la séparation creusée à l'intérieur de nous. Ce que deux personnes amoureuses guérissent à travers une relation intime, c'est la relation avec eux-mêmes. Ne vous privez jamais de cette intimité. Après la « décroyance », **l'intimité** est le second ingrédient au service de l'extase. **Plus vous serez intime avec les autres et plus vous saurez être intime avec vous-même.**

***Notez ci-dessous tout ce qui peut favoriser, d'après vous, l'intimité avec vous-même et avec les autres. En d'autres termes, comment pourriez-vous devenir encore plus proche des autres et de vous-même ?*** Est-ce que ce sont des ressentis profonds que vous n'osez pas révéler ? Un désir enfoui ? Une peur cachée ? Est-ce lié au corps ou à la sexualité ? Est-ce lié à des zones de vulnérabilité que vous ne parvenez pas à assumer ? Cherchez les réponses dans vos blocages et dans tout ce qui ne vous semble pas naturel pour vous.

........................................................................................................

........................................................................................................

........................................................................................................

........................................................................................................

........................................................................................................

........................................................................................................

........................................................................................................

........................................................................................................

........................................................................................................

N'avez-vous pas la sensation que ce que l'on recherche dans les relations humaines, c'est un rapprochement intime ? Et ça n'a rien à voir avec le sexe puisque l'on peut avoir du sexe sans être intime. Ça n'a rien à voir avec le fait d'être en couple ou de se connaître depuis longtemps, car il y a des couples qui ne deviennent jamais intimes.

Si l'on recherche cette intimité, c'est parce qu'elle nous autorise à être nous-même au naturel. Peut-être en avez-vous peur, peut-être vous met-elle mal à l'aise, peut-être même que l'intimité vous dégoûte...

***Qu'est-ce que l'intimité vous inspire ? Aimez-vous être intime avec quelqu'un ? Quelles sont les limites de l'intimité que vous accordez à l'autre et à vous-même ? Quelles sensations avez-vous au sujet de l'intimité ?***

.......................................................................................................................

.......................................................................................................................

.......................................................................................................................

.......................................................................................................................

.......................................................................................................................

L'intimité était là toutes les fois où vous avez pleuré, où vous avez ri, où vous avez *dansé avec la nuit*, où vous vous êtes donné à cœur ouvert à une autre personne, chaque fois que vous avez eu besoin de guérir des parties de vous-même, de votre vie, de vos relations, toutes les fois où vous avez cherché à vous aimer, à aimer et à être aimé, toutes les fois où vous auriez voulu pardonner à l'autre autant qu'à vous-même La recherche de cette intimité est criante partout dans les relations humaines.

***Qu'est-ce qui vous empêche de manière générale d'être intime avec les autres et avec vous-même ?*** Est-ce une angoisse ? La politesse ? L'éducation ? La peur des autres ?

.......................................................................................................................

.......................................................................................................................

.......................................................................................................................

.......................................................................................................................

.......................................................................................................................

.......................................................................................................................

Derrière cette intimité, déjà un autre état d'être se présente : **la fusion**. Dans une ouverture d'intimité que vous pénétrez en vous abandonnant, c'est-à-dire sans besoin de renvoyer une image à l'autre, sans identité, sans croyance, vous accédez à un état d'unité. C'est la fusion.

La fusion, c'est l'opposé de la séparation. C'est l'une des caractéristiques majeures de l'extase. En état de fusion, on se sent appartenir à un tout et relié à toutes choses et à tout le monde par la puissance des liens.

***Vous avez déjà probablement fait l'expérience d'un état d'unité intérieur. Racontez un souvenir de fusion.*** Ce peut être une sensation d'unité avec la nature, avec la vie, avec un enfant, avec un amoureux, avec vous-même.

............................................................................................................

............................................................................................................

............................................................................................................

............................................................................................................

............................................................................................................

............................................................................................................

***Comment décririez-vous cet état d'unité ? Qu'est-ce que l'unité pour vous ?***

............................................................................................................

............................................................................................................

............................................................................................................

............................................................................................................

............................................................................................................

............................................................................................................

La clé pour vivre cet état de fusion, c'est de faire UN avec la vie, c'est-à-dire en acceptant radicalement ce qui advient à chaque instant. Cela ne signifie pas pour autant qu'il faille se soumettre, se faire du mal ou tolérer l'intolérable pour vous. Mais avant de dire et d'agir, accepter totalement ce qui est, sans frustration, sans colère ni amertume. Accepter ce qui est, et vous pourrez ensuite vous exprimer en continuant d'être totalement présent. La formule est aussi simple que cela. Et je peux vous assurer qu'elle est tout aussi valable dans les moments les plus difficiles et épineux de la vie. Acceptez et ensuite agissez.

Évitez de chercher à vivre le moment présent en voulant vous débarrasser de vos pensées. Bon courage, vous n'y arriverez pas ! J'ai rencontré personnellement les maîtres, penseurs et scientifiques les plus influents au monde et ce n'est pas dans cet ordre que cela fonctionne. Commencez par accepter, et tout le reste de votre vie entière vous suivra.

***Qu'est-ce qui est impossible pour vous à accepter ?*** En général, on a du mal à accepter ce qui nous fait mal. Il peut s'agir de faits anciens ou beaucoup plus récents, des événements dont vous auriez été la victime, des êtres que vous aimiez sincèrement et qui vous auraient meurtri, un pardon impossible à faire, un remords, un regret, ou bien une colère face à une trahison. ***Notez ci-dessous ce que vous ne parvenez pas à accepter totalement.***

..........................................................................................................

..........................................................................................................

..........................................................................................................

..........................................................................................................

..........................................................................................................

***Est-ce que vous pourriez, ICI et MAINTENANT, accepter totalement l'ensemble de ces faits pour ce qu'ils sont ?*** C'est-à-dire le souvenir d'un moment qui, bien sûr, peut encore avoir des effets aujourd'hui, mais qui en réalité n'est plus présent. Puisque ce qui est présent à cet instant, c'est cette relation unique entre VOUS et MOI. Pardon, entre VOUS et VOUS-MÊME.

***Alors, pouvez-vous accepter cela ?***

❑ Oui ❑ Non

Certaines activités peuvent vous aider à favoriser l'émergence du moment présent à chaque seconde. En ce qui me concerne, ce fut ma rencontre très jeune avec le yoga, alors que j'étais adolescent et que le yoga n'était pas du tout tendance. Pour d'autres, il s'agit de la lecture, du sport, des sensations fortes...

***Qu'est-ce qui vous fait sentir le moment présent ?***

..........

..........

..........

..........

..........

..........

..........

..........

..........

..........

..........

..........

Une fois que vous acceptez ce qui advient à chaque seconde, des sensations très profondes émergent : paix intérieure, calme, sérénité, inspiration, créativité, communion, joie, ouverture, sentiment de sécurité, confiance, conscience. L'alchimie de ces états va alors favoriser une autre sensation beaucoup plus subtile.

Si vous parvenez à ressentir ce point en vous-même, votre vie changera totalement, car c'est le réacteur pour l'ascension ultime. Et ce point s'appelle *le point dans le cœur*. Il ne s'agit pas de l'organe qui bat, mais d'un point que vous pouvez ressentir dans la région du cœur. C'est la source d'où émergent vos sentiments et tout particulièrement l'élan d'amour. Pour y accéder, je vous propose cette expérience :

*L'INTROSPECTION ULTIME*

Rituellement, chaque soir dans mon lit avant de m'endormir, je me laisse aller à une introspection profonde que je vais maintenant partager avec vous. Vous pouvez également vivre cette expérience à deux ! Dans ce cas, il conviendra de s'asseoir confortablement et de se regarder durant toute l'expérience, les yeux dans les yeux, sans rien faire et surtout sans rien dire. Il y a un seul risque à la fin : vous aimer profondément ! Vous pouvez choisir comme partenaire votre conjoint, un membre de votre famille ou un ami. Mais l'expérience fonctionne tout autant avec une personne inconnue ! Commençons (seul ou à deux) :

Installez-vous confortablement durant quelques minutes.

Prenez conscience du volume de votre corps.

Ressentez toutes les sensations qui se présentent à vous.

Ressentez la présence de votre souffle.

À chaque expiration, approfondissez cet état de détente.

Puis,

Portez votre attention dans la région du cœur.

Non pas le cœur qui bat,

Mais l'espace de votre cœur d'où émergent vos sentiments.

Ressentez la présence d'un point source.

Laissez-vous emporter par ce point de lumière,
de paix et d'amour dans votre cœur.

Puis,

Ressentez-le s'ouvrir dans le volume entier de votre corps.

Ressentez-le s'étendre au-delà même de votre corps.

Dans la pièce, dans la ville, sur terre, dans l'espace infini
de l'univers.

Puis,

Ramenez votre conscience dans l'espace intérieur
de votre corps.

Ressentez toutes les sensations dans votre corps.

Continuez de ressentir dans l'instant présent votre point
dans le cœur.

***Comment vous sentez-vous ? Quelles ont été les sensations de cette expérience ?***

..........................................................................................................

..........................................................................................................

..........................................................................................................

..........................................................................................................

..........................................................................................................

***Avez-vous ressenti le point source dans le cœur ?***

❑ Oui ❑ Non

Si la réponse est OUI, renouvelez chaque jour cette expérience. Si la réponse est NON, même réponse jusqu'à ce que vous le ressentiez. Plus vous vous détendrez et serez présent à vous-même, plus la conscience de vous-même s'aiguisera.

Voici un exemple. À l'issue d'une leçon de yoga que je transmettais, l'une de mes élèves m'a dit qu'elle avait eu une expérience incroyable durant la séance, en ressentant les battements de son cœur au niveau des pieds. Sa remarque m'a emporté dans une réflexion car, en ce qui me concerne, il suffit que j'amène mon attention dans n'importe quelle partie de mon corps pour ressentir les battements du sang dans mes veines. Et si j'ai conscience du volume global de mon corps, alors je peux ressentir le battement de mon cœur et du sang avançant dans différents segments de mon corps en même temps. Mais jusqu'alors, je pensais que tout le monde ressentait cela. Je croyais vraiment que c'était banal. Ma surprise venait de la découverte que la conscience de soi est à géométrie variable. Et c'est la raison pour laquelle des personnes qui vont mal peuvent ne pas en avoir conscience quand bien même c'est évident pour tout l'entourage ! En neuropsychologie, cela porte un nom : l'anosognosie. Je vous invite à renouveler l'expérience et à aiguiser jusqu'à votre dernier souffle la conscience que vous avez de vous-même. Plus vous serez conscient, moins vous souffrirez, contrairement à ce que l'on imagine.

Revenons à notre point source dans le cœur. Il est l'ouverture et le passage à ce que l'on nomme l'intelligence du cœur. L'intelligence du cœur n'a rien à voir avec la forme discursive de l'intelligence. Elle n'est pas non plus « bonne intention », morale ou éthique. Il s'agit d'un état de conscience grâce auquel vous créez un lien incroyablement puissant avec vous-même mais aussi avec la vie et qui va ensuite s'étendre à toutes vos relations. Cette intelligence du cœur est reliée à la partie sensible de votre être mais aussi à l'intuition, à la créativité, à l'accueil de la vie, à la joie, à l'amour total et sans limite... C'est probablement la forme la plus absolue à laquelle l'être humain, chaque être humain, puisse accéder. C'est notre promesse d'évolution personnelle et collective. C'est l'ascension de l'amour qui vous rapproche de la totalité de Qui Vous Êtes Vraiment. Et ça, c'est l'extase !

***Dans un monde idéal où chacun, y compris vous-même, aurait accès à cette intelligence du cœur, comment voyez-vous votre vie ? Qu'en feriez-vous ? Comment seraient vos relations avec les autres, même ceux avec qui vous avez des différends ?***

Cette ascension vous amène à une vision globale et profonde : l'expérience de l'amour ultime au-delà de l'amour personnel. **Vous ne ressentez plus l'amour, vous êtes l'amour.**

***Si vous situez votre conscience au plus profond de vous-même, au plus haut de ce que vous vivez et avez toujours vécu, au plus haut de l'amour, que percevez-vous ? Qui êtes-vous vraiment ? Qu'est-ce que l'amour ? Qu'est-ce que la vie ?***

........................................................................................................................

........................................................................................................................

........................................................................................................................

........................................................................................................................

........................................................................................................................

........................................................................................................................

........................................................................................................................

........................................................................................................................

........................................................................................................................

........................................................................................................................

........................................................................................................................

........................................................................................................................

........................................................................................................................

........................................................................................................................

........................................................................................................................

........................................................................................................................

........................................................................................................................

........................................................................................................................

Vous avez vécu des moments privilégiés avec les personnes que vous aimez ou que vous avez aimées, pour vous amener à vivre la révélation de cette ascension. Vous avez compris ce qu'est l'amour. Votre amour. Personne d'autre n'a eu précisément et exactement les mêmes sensations ni les mêmes révélations au sujet de l'amour parce que vous êtes un être unique relié à votre vie. Même si les révélations ou les prises de conscience au sujet de votre amour durent le temps d'une étincelle avant de s'éteindre dans l'oubli et le passé, elles sont autant de touches de pinceau sur la toile de votre destinée qui vous relie à l'éternité de votre être à chaque seconde.

***À cet instant même, en vous reliant à la sensation de votre point dans votre cœur, qu'est-ce que cela vous dit ? Quel message percevez-vous ? Quel est le message de cette intelligence du cœur ?***

.............................................................................................................

.............................................................................................................

.............................................................................................................

.............................................................................................................

.............................................................................................................

.............................................................................................................

.............................................................................................................

.............................................................................................................

.............................................................................................................

.............................................................................................................

.............................................................................................................

.............................................................................................................

***Quelle est la plus grande révélation ou prise de conscience que vous avez au sujet de l'amour ?***

..............................................................................................................................

..............................................................................................................................

..............................................................................................................................

..............................................................................................................................

..............................................................................................................................

..............................................................................................................................

..............................................................................................................................

..............................................................................................................................

..............................................................................................................................

***Quel ultime message de vérité, de conscience, de confiance ou d'acceptation votre dimension la plus profonde de vous-même souhaite-t-elle vous dire ?***

..............................................................................................................................

..............................................................................................................................

..............................................................................................................................

..............................................................................................................................

..............................................................................................................................

..............................................................................................................................

..............................................................................................................................

..............................................................................................................................

..............................................................................................................................

..............................................................................................................................